The False Buddha

The False Buddha

A Story in Simplified Chinese and Pinyin,
2000 Word Vocabulary Level
Includes English Translation

Book 22 of the *Journey to the West* Series

Written by Jeff Pepper
Chinese Translation by Xiao Hui Wang

Based on chapters 65 through 67 of the original Chinese
novel *Journey to the West* by Wu Cheng'en

IMAGIN8
PRESS

This is a work of fiction. Names, characters, organizations, places, events, locales, and incidents are either the products of the author's imagination or used in a fictitious manner. Any resemblance to actual persons, living or dead, or actual events is purely coincidental.

Copyright © 2021 – 2023 by Imagin8 Press LLC, all rights reserved.

Published in the United States by Imagin8 Press LLC, Verona, Pennsylvania, US. For information, contact us via email at info@imagin8press.com or visit www.imagin8press.com.

Our books may be purchased directly in quantity at a reduced price, visit our website www.imagin8press.com for details.

Imagin8 Press, the Imagin8 logo and the sail image are all trademarks of Imagin8 Press LLC.

Written by Jeff Pepper
Chinese translation by Xiao Hui Wang
Cover design by Katelyn Pepper and Jeff Pepper
Book design by Jeff Pepper
Artwork by Next Mars Media, Luoyang, China
Audiobook narration by Junyou Chen

Based on the original 16th century Chinese novel by Wu Cheng'en

ISBN: 978-1952601804
Version 08

Acknowledgements

We are deeply indebted to the late Anthony C. Yu for his incredible four-volume translation, *The Journey to the West* (University of Chicago Press, 1983, revised 2012).

We have also referred frequently to another unabridged translation, William J.F. Jenner's *The Journey to the West* (Collinson Fair, 1955; Silk Pagoda, 2005), as well as the original Chinese novel 西游记 by Wu Cheng'en (People's Literature Publishing House, Beijing, 1955). And we've gathered valuable background material from Jim R. McClanahan's *Journey to the West Research Blog* (www.journeytothewestresearch.com).

And many thanks to the team at Next Mars Media for their terrific illustrations, Jean Agapoff for her careful proofreading, and Junyou Chen for his wonderful audiobook narration.

Audiobook

A complete Chinese language audio version of this book is available free of charge. To access it, go to YouTube.com and search for the Imagin8 Press channel. There you will find free audiobooks for this and all the other books in this series.

You can also visit our website, www.imagin8press.com, to find a direct link to the YouTube audiobook, as well as information about our other books.

Preface

Here's a summary of the events of the previous books in the Journey to the West *series. The numbers in brackets indicate in which book in the series the events occur.*

Thousands of years ago, in a magical version of ancient China, a small stone monkey is born on Flower Fruit Mountain. Hatched from a stone egg, he spends his early years playing with other monkeys. They follow a stream to its source and discover a secret room behind a waterfall. This becomes their home, and the stone monkey becomes their king. After several years the stone monkey begins to worry about the impermanence of life. One of his companions tells him that certain great sages are exempt from the wheel of life and death. The monkey goes in search of these great sages, meets one and studies with him, and receives the name Sun Wukong. He develops remarkable magical powers, and when he returns to Flower Fruit Mountain he uses these powers to save his troop of monkeys from a ravenous monster. *[Book 1]*

With his powers and his confidence increasing, Sun Wukong manages to offend the underwater Dragon King, the Dragon King's mother, all ten Kings of the Underworld, and the great Jade Emperor himself. Finally, goaded by a couple of troublemaking demons, he goes too far, calling himself the Great Sage Equal to Heaven and sets events in motion that cause him some serious trouble. *[Book 2]*

Trying to keep Sun Wukong out of trouble, the Jade Emperor gives him a job in heaven taking care of his Garden of Immortal Peaches, but the monkey cannot stop himself from eating all the peaches. He impersonates a great Immortal and crashes a party in Heaven, stealing the guests' food and drink and barely escaping to his loyal troop of monkeys back on

Earth. In the end he battles an entire army of Immortals and men, and discovers that even calling himself the Great Sage Equal to Heaven does not make him equal to everyone in Heaven. As punishment, the Buddha himself imprisons him under a mountain. *[Book 3]*

Five hundred years later, the Buddha decides it is time to bring his wisdom to China, and he needs someone to lead the journey. A young couple undergo a terrible ordeal around the time of the birth of their child Xuanzang. The boy grows up as an orphan but at age eighteen he learns his true identity, avenges the death of his father and is reunited with his mother. Xuanzang will later fulfill the Buddha's wish and lead the journey to the west. *[Book 4]*

Another storyline starts innocently enough, with two good friends chatting as they walk home after eating and drinking at a local inn. One of the men, a fisherman, tells his friend about a fortuneteller who advises him on where to find fish. This seemingly harmless conversation between two minor characters triggers a series of events that eventually costs the life of a supposedly immortal being and causes the great Tang Emperor himself to be dragged down to the underworld. He is released by the Ten Kings of the Underworld but is trapped in hell and only escapes with the help of a deceased courtier. *[Book 5]*

Barely making it back to the land of the living, the Emperor selects the young monk Xuanzang to undertake the journey, after being influenced by the great bodhisattva Guanyin. The young monk sets out on his journey. After many difficulties his path crosses that of Sun Wukong, and the monk releases him from his prison under a mountain. Sun Wukong becomes the monk's first disciple. *[Book 6]*

As their journey gets underway, they encounter a mysterious

river-dwelling dragon, then run into more trouble while staying in the temple of a 270 year old abbot. Their troubles deepen when they meet the abbot's friend, a terrifying black bear monster, and Sun Wukong must defend his master. *[Book 7]*

The monk, now called Tangseng, acquires two more disciples. The first is the pig-man Zhu Bajie, the embodiment of stupidity, laziness, lust and greed. In his previous life, Zhu was the Marshal of the Heavenly Reeds, responsible for the Jade Emperor's entire navy and 80,000 sailors. Unable to control his appetites, he got drunk at a festival and attempted to seduce the Goddess of the Moon. The Jade Emperor banished him to earth, but as he plunged from heaven to earth he ended up in the womb of a sow and was reborn as a man-eating pig monster. He was married to a farmer's daughter, but fights with Sun Wukong and ends up joining and becoming the monk's second disciple. *[Book 8]*

Sha Wujing was once the Curtain Raising Captain but was banished from heaven by the Yellow Emperor for breaking an extremely valuable cup during a drunken visit to the Peach Festival. The travelers meet Sha and he joins them as Tangseng's third and final disciple. The four pilgrims arrive at a beautiful home seeking a simple vegetarian meal and a place to stay for the night. What they encounter instead is a lovely and wealthy widow and her three even more lovely daughters. This meeting is, of course, much more than it appears to be, and it turns into a test of commitment and virtue for all of the pilgrims, especially for the lazy and lustful pig-man Zhu Bajie. *[Book 9]*

Heaven continues to put more obstacles in their path. They arrive at a secluded mountain monastery which turns out to be the home of a powerful master Zhenyuan and an ancient and magical ginseng tree. As usual, the travelers' search for a nice hot meal and a place to sleep quickly turns into a disaster. Zhenyuan has gone away for a few days and has left his two youngest disciples in charge. They welcome the travelers, but soon there are misunderstandings, arguments, battles in the sky, and before long the travelers are facing a powerful and extremely angry adversary, as well as mysterious magic fruits and a large frying pan full of hot oil. *[Book 10]*

Next, Tangseng and his band of disciples come upon a strange pagoda in a mountain forest. Inside they discover the fearsome Yellow Robed Monster who is living a quiet life with his wife and their two children. Unfortunately the monster has a bad habit of ambushing and eating travelers. The travelers find themselves drawn into a story of timeless love and complex lies as they battle for survival against the monster and his allies. *[Book 11]*

The travelers arrive at level Top Mountain and encounter their most powerful adversaries yet: Great King Golden Horn and his younger brother Great King Silver Horn. These two monsters, assisted by their elderly mother and hundreds of well-armed demons, attempt to capture and liquefy Sun Wukong, and eat the Tang monk and his other disciples. *[Book 12]*

Resuming their journey the monk and his disciples stop to rest at a mountain monastery in Black Rooster Kingdom. Tangseng is visited in a dream by someone claiming to be the ghost of a murdered king. Is he telling the truth or is he actually a demon in disguise? Sun Wukong offers to sort things out with his iron rod. But things do not go as planned. *[Book 13]*

Tangseng and his three disciples encounter a young boy hanging upside down from a tree. They rescue him only to discover that he is really Red Boy, a powerful and malevolent demon and, it turns out, Sun Wukong's nephew. The three disciples battle the demon but soon discover that he can produce deadly fire and smoke which nearly kills Sun Wukong. *[Book 14]*

Leaving Red Boy with the bodhisattva Guanyin, the travelers continue to the wild country west of China. They arrive at a strange city where Daoism is revered and Buddhism is forbidden. Sun Wukong gleefully causes trouble in the city, and finds himself in a series of deadly competitions with three Daoist Immortals. *[Book 15]*

Later, the travelers encounter a series of dangerous demons and monsters, including the Great Demon King who demands two human sacrifices each year, and a monster who uses a strange and powerful weapon to disarm and defeat the disciples. *[Books 16 and 17]*

Springtime comes and the travelers run into difficulties and temptations in a nation of women and girls. First, Tangseng and Zhu become pregnant after drinking from the Mother and Child River. Later, the nation's queen meets Tangseng and pressures him to marry her. He barely escapes that fate, only to be kidnapped by a powerful female demon who takes him to her cave and tries to seduce him. *[Book 18]*

Continuing their journey, Tangseng has harsh words for the monkey king Sun Wukong. His pride hurt, Sun Wukong complains to the Bodhisattva Guanyin and asks to be released from his service to the monk. She refuses his request. This leads to a case of mistaken identity and an earthshaking battle that begins in the sky over the monkey's home on Flower Fruit Mountain, moves through the palaces of heaven and the depths of the underworld, and ends in front of the Buddha himself. *[Book 19]*

More trials await the travelers as they find their path blocked by a huge blazing mountain eight hundred miles wide. Tangseng refuses to go around it, so Sun Wukong must discover why the mountain is burning and how they can cross it. *[Book 20]*

Three years after an evil rainstorm of blood covers a city and defiles a beautiful Buddhist monastery, Tangseng and his three disciples arrive. This leads to an epic underwater confrontation with the All Saints Dragon King and his family. And later, Tangseng is trapped in a vast field of brambles by a group of poetry loving but extremely dangerous nature spirits. *[Book 21]*

Winter turns to spring, and the travelers continue westward...

The False Buddha
假佛

Dì 65 Zhāng

Wǒ de háizi, jīntiān wǎnshàng wǒ yào zài gěi nǐ jiǎng yígè guānyú shèng sēng Tángsēng hé tā de sān gè túdì de gùshì. Dàn zài wǒmen kāishǐ zhīqián, wǒ bìxū gàosù nǐ,

Yǒngyuǎn zuò hǎoshì, yuǎnlí xié'è
Shén zhīdào nǐ zài xiǎng de yíqiè
Wèishénme yào cōngmíng
Wèishénme yào ràng zìjǐ yǒudiǎn bèn?
Jiùshì yào ràng nǐ de tóunǎo biàn kōng
Zài nǐ huózhe de shíhòu zuò hǎoshì
Yìzhí qiú Dào, bù gēnzhe biérén
Zhāngdà nǐ de yǎnjīng, jiǎnchá nǐ de xiǎng fǎ
Guò sān guān
Zhuāng mǎn hēi'àn dì hǎi

第 65 章

我的孩子,今天晚上我要再给你讲一个关于圣僧<u>唐僧</u>和他的三个徒弟的故事。但在我们开始之前,我必须告诉你,

> 永远做好事,远离邪恶
> 神知道你在想的一切
> 为什么要聪明
> 为什么要让自己有点笨?
> 就是要让你的头脑变空
> 在你活着的时候做好事
> 一直求道,不跟着别人
> 张大你的眼睛,检查你的想法
> 过三关[1]
> 装满黑暗的海

---

[1] In advanced Daoist practices, the student learns to go through three barriers or passes called 关 (guān) on the spinal column: the Tailbone Gate just above the coccyx, the Narrow Ridge just below the shoulder blades, and the Jade Pillow at the base of the skull. One can open these passes by avoiding hunger for sex (Tailbone Gate), good food (Narrow Ridge), and desire (Jade Pillow).

Nǐ jiāng qízhe fènghuáng hé hè

Dàizhe kuàilè, nǐ huì shàng tiāntáng

Nǐ hái jìdé wǒmen shàng yígè gùshì, yóurénmen táolí le jīngjí hé xiǎng yào jiāng Tángsēng liú xiàlái de shù jīng men. Tāmen jìxù yánzhe Sīchóu Zhī Lù xiàng xī zǒu. Dōngtiān jiéshù le, chūntiān lái le. Dàdì zhǎng mǎn le xīn cǎo. Táo shù shàng kāi chū le hóngsè de huāduǒ.

Yǒuyìtiān, zài tāmen zǒulù de shíhòu, tāmen kàndào yuǎn chù yǒu yízuò jùdà de shān. Shānfēng bǐ yún hái gāo. Tángsēng duì Sūn Wùkōng shuō, "Nǐ kàn nà zuò shān. Tā pèng dào tiāntáng le!"

Sūn Wùkōng huídá shuō, "Méiyǒu yízuò shān néng pèng dào tiāntáng." Tāmen yánzhe xiǎolù wǎng shàng zǒu, pá shàng shān de yìbiān. Zài tāmen de sìzhōu, tāmen tīngdào le láng, lǎohǔ hé bàozi de jiào shēng. Tángsēng kāishǐ gǎndào hàipà. Dàn Sūn Wùkōng dàshēng hǎnjiào, suǒyǒu de dòngwù dōu pǎo kāi le.

Tāmen jìxù wǎng shàng pá, yìzhí lái dào yígè gāo shānkǒu, ránhòu tāmen yánzhe shān de xī biān xiàng xià zǒu qù. Hěn kuài, tāmen kàndào le yízuò yòu dà yòu piàoliang de fángzi. Fángzi de shàngmiàn yǒu yì lǚ

你将骑着凤凰和鹤

带着快乐，你会上天堂

你还记得我们上一个故事，游人们逃离了荆棘和想要将<u>唐僧</u>留下来的树精们。他们继续沿着<u>丝绸之路</u>向西走。冬天结束了，春天来了。大地长满了新草。桃树上开出了红色的花朵。

有一天，在他们走路的时候，他们看到远处有一座巨大的山。山峰比云还高。<u>唐僧</u>对<u>孙悟空</u>说，"你看那座山。它碰到天堂了！"

<u>孙悟空</u>回答说，"没有一座山能碰到天堂。"他们沿着小路往上走，爬上山的一边。在他们的四周，他们听到了狼、老虎和豹子的叫声。<u>唐僧</u>开始感到害怕。但<u>孙悟空</u>大声喊叫，所有的动物都跑开了。

他们继续往上爬，一直来到一个高山口，然后他们沿着山的西边向下走去。很快，他们看到了一座又大又漂亮的房子。房子的上面有一缕[2]

---

[2] 缕　　lǚ – (measure word for light, hair, threads)

lǜ cǎisè de guāng. Tāmen tīngdào le zhōng de yīnyuè shēng.

"Túdìmen," Tángsēng shuō, "qù kàn kàn. Gàosù wǒ zhè shì yízuò shénme fángzi."

Sūn Wùkōng bǎshǒu fàng zài tā de zuànshí yǎnjīng shàng, zǐxì de kàn le nà dòng fángzi. Ránhòu tā shuō, "Shīfu, zhè shì yízuò sìmiào. Tā fēicháng piàoliang. Dàn wǒ gǎnjuédào tā yǒu yì gǔ ānjìng de kōngqì. Wǒ yǐqián qùguò xītiān, wǒ qùguò Léiyīn Shān. Zhège sìmiào kàn qǐlái hěn xiàng Léi Yīn, dàn yǒuxiē dìfāng bú tài duì. Qǐng búyào jìnqù. Wǒmen bìxū xiǎoxīn. Lǐmiàn kěnéng cángzhe yìxiē xié'è."

Tángsēng kànzhe tā. "Nǐ shuō zhège dìfāng ràng nǐ xiǎngqǐ le Léi Yīn. Zhè zhēn de shì wǒmen yào zhǎo de dìfāng ma?"

Zài Sūn Wùkōng huídá zhīqián, Shā Wùjìng shuō, "Wǒmen bù xūyào dānxīn zhège. Zhè tiáo lù jiāng dài wǒmen jīngguò sìmiào de qiánmén. Dāng wǒmen dào le sìmiào, wǒmen jiù huì zhīdào tā shì búshì Léi Yīn."

Tángsēng tóngyì le. Tā gǎnzhe tā de mǎ xiàng qián zǒu. Hěn kuài, tāmen dào le sìmiào de qiánmén. Tāmen táitóu kàn, kàndào qiánmén shàng

缕彩色的光。他们听到了钟的音乐声。

"徒弟们,"唐僧说,"去看看。告诉我这是一座什么房子。"

孙悟空把手放在他的钻石眼睛上,仔细地看了那栋房子。然后他说,"师父,这是一座寺庙。它非常漂亮。但我感觉到它有一股安静的空气。我以前去过西天,我去过雷音山。这个寺庙看起来很像雷音,但有些地方不太对。请不要进去。我们必须小心。里面可能藏着一些邪恶。"

唐僧看着他。"你说这个地方让你想起了雷音。这真的是我们要找的地方吗?"

在孙悟空回答之前,沙悟净说,"我们不需要担心这个。这条路将带我们经过寺庙的前门。当我们到了寺庙,我们就会知道它是不是雷音。"

唐僧同意了。他赶着他的马向前走。很快,他们到了寺庙的前门。他们抬头看,看到前门上

miàn de dàzì. Zhèxiē zì shì, "Léiyīn Sì."

Tángsēng chījīng dé cóng mǎshàng diào le xiàlái. Tā dǎo zài dìshàng. Ránhòu tā yòu mǎshàng tiào le qǐlái, shēngqì de duì Sūn Wùkōng shuō, "Nǐ zhège wúchǐ de húsūn! Nǐ piàn wǒ! Zhè zhēn de shì Léiyīn Sì. Wǒmen yǐjīng zǒu dào le wǒmen lǚtú jiéshù de dìfāng."

Sūn Wùkōng xiào dào, "Shīfu, qiánmén de shàngmiàn yǒu sì gè zì. Nǐ zhǐ dú le tāmen zhōng de sān gè zì."

Tángsēng yòu kàn le kàn. Yǒu sì gè zì, búshì sān gè. Tā dàshēng dúzhe, "Xiǎo Léiyīn Sì." Tā xiǎng le yīhuǐ'er, ránhòu shuō, "Hǎoba, suīrán zhè zhǐshì Xiǎo Léiyīn Sì, yě yídìng yǒu yí wèi fózǔ zhù zài zhèlǐ. Jīngshū shuō yǒu sānqiān wèi fó. Tāmen bù kěnéng dōu zhù zài tóng yígè dìfāng! Wǒmen dōu zhīdào Guānyīn púsà zhù zài nánhǎi. Wǒ xiǎng zhīdào nǎ wèi fózǔ zhù zài zhège dìfāng. Wǒmen jìnqù kàn kàn."

"Wǒ rènwéi nà huì shì yígè cuòwù," Sūn Wùkōng shuō.

"Wǒmen yào jìnqù," Tángsēng jiānchízhe. "Jíshǐ zhèlǐ méi

面的大字。这些字是,"<u>雷音寺</u>。"

<u>唐僧</u>吃惊得从马上掉了下来。他倒在地上。然后他又马上跳了起来,生气地对<u>孙悟空</u>说,"你这个无耻的猢狲!你骗我!这真的是<u>雷音寺</u>。我们已经走到了我们旅途结束的地方。"

<u>孙悟空</u>笑道,"师父,前门的上面有四个字。你只读了它们中的三个字。"

<u>唐僧</u>又看了看。有四个字,不是三个。他大声读着,"<u>小雷音寺</u>。"他想了一会儿,然后说,"好吧,虽然这只是<u>小雷音寺</u>,也一定有一位佛祖住在这里。经书说有三千位佛。他们不可能都住在同一个地方!我们都知道<u>观音</u>菩萨住在南海。我想知道哪位佛祖住在这个地方。我们进去看看。"

"我认为那会是一个错误,"<u>孙悟空</u>说。

"我们要进去,"<u>唐僧</u><u>坚持</u>[3]着。"即使这里没

---

[3] 坚持　　jiānchí – to insist

yǒu fózǔ, yě yídìng yǒu fó de diāoxiàng. Wǒ yǒuguò shìyuàn, yào wèi wǒ kàndào de měi yìzūn fóxiàng qídǎo." Tā ràng Zhū qù ná tā de sēngyī hé màozi. Děng tā chuān shàng sēngyī, dài shàng màozi, tāmen jiù dōu xiàng sìmiào lǐ zǒu qù.

Tāmen gāng zǒu jìn sìmiào, jiù yǒu yígè shēngyīn dàshēng hǎn dào, "Táng sēng! Nǐ cóng dōngfāng lái bàifó. Nǐ xiànzài wèishénme zhème méiyǒu lǐmào?" Tángsēng mǎshàng kòutóu, Zhū hé Shā guì zài dìshàng. Sūn Wùkōng qiānzhe mǎ, zhànzhe bú dòng. Tā gǎnjuédào zhè lǐ yǒuxiē búduì.

Lìngwài sān gè rén màn man de xiàng qián zǒu. Tāmen lái dào le lǐmiàn de mén. Lǐmiàn shì fó diàn. Fó diàn wài, yǒu yí dà qún rén. Tāmen kàndào wǔbǎi míng lǎoshī, sānqiān míng shìwèi, bā wèi púsà, hái yǒu xǔduō nígū, héshang hé pǔtōng rén. Tángsēng, Zhū hé Shā zǒu yíbù, kòu yícì tóu, zhídào tāmen lái dào fó diàn. Zài tāmen de shēnhòu, Sūn Wùkōng zǒu dé hěn màn, méiyǒu kòutóu.

Nàge hěn xiǎng de shēngyīn shuō, "Sūn Wùkōng! Nǐ jiàn dào fózǔ wèishénme bú kòutóu?"

有佛祖，也一定有佛的雕像。我有过誓愿，要为我看到的每一尊[4]佛像祈祷。"他让猪去拿他的僧衣和帽子。等他穿上僧衣，戴上帽子，他们就都向寺庙里走去。

他们刚走进寺庙，就有一个声音大声喊道，"唐僧！你从东方来拜佛。你现在为什么这么没有礼貌？"唐僧马上叩头，猪和沙跪在地上。孙悟空牵着马，站着不动。他感觉到这里有些不对。

另外三个人慢慢地向前走。他们来到了里面的门。里面是佛殿。佛殿外，有一大群人。他们看到五百名老师，三千名侍卫，八位菩萨，还有许多尼姑、和尚和普通人。唐僧、猪和沙走一步，叩一次头，直到他们来到佛殿。在他们的身后，孙悟空走得很慢，没有叩头。

那个很响的声音说，"孙悟空！你见到佛祖为什么不叩头？"

---

[4] 尊　　zūn – (measure word for respected statues)

Sūn Wùkōng sōng kāi mǎ, bá chū tā de jīn gū bàng. Tā duìzhe jīnsè bǎozuò shàng de fózǔ hǎn dào, "Xié'è de yāoguài, nǐ zěnme gǎn biànchéng jiǎ de dàfó! Zài nàlǐ búyào dòng!" Ránhòu tā jǔ qǐ tā de bàng, zhǔnbèi dǎ nà fózǔ. Dàn zài tā gōngjī qián, liǎng gè jùdà de tóng bó cóng tiānkōng zhōng diào xià. Tāmen bǎ Sūn Wùkōng guān zài tāmen de zhōngjiān, hé le qǐlái, fāchū jùdà de pèng jī shēng. Sūn Wùkōng bèi guān zài lǐmiàn. Rénmen zhuā zhù le sān gè yǒurén, hái bǎng le tāmen.

Yóurénmen táitóu kàn, kàndào yí wèi fó zài jīnsè de bǎozuò shàng. Zài tāmen kàn de shíhòu, fó biàndào tā zhēn de yàngzi, xiànzài yóurénmen kěyǐ kàndào tā zhēn de shì yígè móguǐ. Qítā rén yě biàndào tāmen zhēn de yàngzi, tāmen dōu shì xiǎo móguǐ. Xiǎo móguǐmen ná qǐ liǎng gè jīn bó, bǎ tāmen fàng zài yígè píngtái shàng. Tāmen děngzhe Sūn Wùkōng zài sān tiān lǐ huàchéng yì tān xuě. Tāmen jìhuàzhe bǎ lìngwài sān gè yǒurén zhēng le chī.

Zhèlǐ fāshēng le shénme?

Zuànshí yǎnjīng de hóuzi zhīdào nà fó shì jiǎ de

孙悟空松开马，拔出他的金箍棒。他对着金色宝座上的佛祖喊道，"邪恶的妖怪，你怎么敢变成假的大佛！在那里不要动！"然后他举起他的棒，准备打那佛祖。但在他攻击前，两个巨大的铜钹[5]从天空中掉下。它们把孙悟空关在它们的中间，合[6]了起来，发出巨大的碰击声。孙悟空被关在里面。人们抓住了三个游人，还绑了他们。

游人们抬头看，看到一位佛在金色的宝座上。在他们看的时候，佛变到他真的样子，现在游人们可以看到他真的是一个魔鬼。其他人也变到他们真的样子，他们都是小魔鬼。小魔鬼们拿起两个金钹，把它们放在一个平台上。他们等着孙悟空在三天里化成一滩血。他们计划着把另外三个游人蒸了吃。

这里发生了什么？

钻石眼睛的猴子知道那佛是假的

---

[5] 钹　　bó – cymbals
[6] 合　　hé – to combine, to join

Dànshì Táng sēng zhǐ yòng le tā de rén yǎn, bèi piàn le
Tā zhǐ kàndào wàimiàn de yàngzi, méiyǒu kàndào zhēnxiàng
Mówáng bǐ Dào dà
Yóurénmen xuǎn cuò le lù
Xiànzài tāmen kěnéng huì diū le tāmen de shēngmìng!

Sūn Wùkōng bèi guān zài liǎng gè bó zhōngjiān. Lǐmiàn wánquán shì hēi de, fēicháng rè. Tā shìzhe zuǒ tuī yòu tuī, dàn méiyǒu táo chū qù. Tā yòng tā de jīn gū bàng zá bó, dàn tāmen méiyǒu dòng. Tā yòng mófǎ zhǎngdào yìqiān chǐ gāo, dàn bó yě gēnzhe zhǎng. Tā biàn dé xiàng jiècài zhǒngzǐ yíyàng xiǎo, dàn bó yě gēnzhe biàn xiǎo. Tā cóng tóu shàng bá xià yì gēn tóufà, qīngshēng shuō "biàn", tā biànchéng le yígè wǔjiǎo zuànzi. Tā yòng zuànzi zài bó shàng zuān le yìqiān cì, dàn duì bó méiyǒu yǐngxiǎng.

Zuìhòu, tā niàn le shèng yǔ, "Qián yuán hēng lì zhēn." Zhè shì zài jiào Guāngmíng Liùshén, Hēi'àn Liùshén, Wǔ Fāng Jiēdì. Tāmen dōu lái

但是唐僧只用了他的人眼，被骗了

他只看到外面的样子，没有看到真相

魔王比道大

游人们选错了路

现在他们可能会丢了他们的生命！

<u>孙悟空</u>被关在两个钹中间。里面完全是黑的，非常热。他试着左推右推，但没有逃出去。他用他的金箍棒砸钹，但它们没有动。他用魔法长到一千尺高，但钹也跟着长。他变得像芥菜[7]种子一样小，但钹也跟着变小。他从头上拔下一根头发，轻声说"变"，它变成了一个五角钻子[8]。他用钻子在钹上钻了一千次，但对钹没有影响。

最后，他念了圣语，"乾元亨利贞[9]。"这是在叫<u>光明六神</u>、<u>黑暗六神</u>、<u>五方揭谛</u>。他们都来

---

[7] 芥菜　　jiècài – mustard
[8] 钻(子)　　zuàn(zi) – drill, to drill
[9] These are the first five characters in the *I Ching*, the Book of Changes. The first, 乾, means sky or heaven in Daoist cosmology. The next four mean beginning, prosperity, harmony and justice, and correspond to the four seasons of spring, summer, autumn and winter.

dé hěn kuài. Tāmen zhàn zài bó wàimiàn děngzhe. Sūn Wùkōng duì tāmen shuō, "Wǒ bèi guān zài zhèlǐ, shì yīnwèi wǒ shīfu bù tīng wǒ shuō de huà. Wǒ zhēn de bú zàihū tāmen shì búshì shā le tā, dàn wǒ xūyào líkāi zhèlǐ. Zhèlǐ tài hēi le, wǒ kànbújiàn, érqiě tài rè le, wǒ méiyǒu bànfǎ hūxī!"

Tīngdào zhè huà, Guāngmíng Liùshén pǎo qù bǎohù Tángsēng, Hēi'àn Liùshén pǎo qù bǎohù lìngwài liǎng gè túdì, sì míng Jiē Dì liú xiàlái shǒuwèi bó, dì wǔ míng Jiē Dì fēi xiàng nán tiānmén. Tā zhí fēi jìn Yùhuáng Dàdì de bǎozuò fángjiān, bàidǎo zài huángdì de jiǎoxià.

"Bìxià," tā shuō, "wǒ shì Wǔ Fāng Jiēdì zhōng de yígè. Qí Tiān Dà Shèng zhèng hé Táng sēng yìqǐ qiánwǎng xītiān. Tāmen lái dào le yígè jiào Xiǎo Léiyīn Shān de dìfāng. Héshang yǐwéi zhè shì zhēn de Léiyīn Shān, suīrán dà shèng jǐnggào tā zhè shì yígè xiànjǐng. Tāmen háishì jìnqù le. Xiànzài, dà shèng bèi guān zài liǎng gè dà jīn bó zhōngjiān. Tā hěn kuài jiù yào sǐ le. Zhè jiùshì wǒ lái zhèlǐ de yuányīn."

得很快。他们站在钹外面等着。孙悟空对他们说，"我被关在这里，是因为我师父不听我说的话。我真的不在乎他们是不是杀了他，但我需要离开这里。这里太黑了，我看不见，而且太热了，我没有办法呼吸！"

听到这话，光明六神跑去保护唐僧，黑暗六神跑去保护另外两个徒弟，四名揭谛留下来守卫钹，第五名揭谛飞向南天门。他直飞进玉皇大帝的宝座房间，拜倒在皇帝的脚下。

"陛下，"他说，"我是五方揭谛中的一个。齐天大圣正和唐僧一起前往西天。他们来到了一个叫小雷音山的地方。和尚以为这是真的雷音山，虽然大圣警告[10]他这是一个陷阱。他们还是进去了。现在，大圣被关在两个大金钹中间。他很快就要死了。这就是我来这里的原因。"

---

10 警告　　jǐnggào – to warn

Yùhuáng Dàdì tái qǐ shǒu shuō, "Ràng Èrshíbā Xīngxiù qù bāngzhù dà shèng." Èrshíbā Xīngxiù mǎshàng gēnzhe Jiē Dì huí dào le sìmiào.

Tāmen zài èr gèng zuǒyòu dào le sìmiào. Suǒyǒu de móguǐ dōu zài shuìjiào. Èrshíbā Xīngxiù qiāoqiāo de zǒu dào jīn bó qián. Tāmen zhōng de yì rén shuō, "Dà shèng, wǒmen shì lái zhèlǐ bāngzhù nǐ táo chūlái de, dàn wǒmen bìxū xiǎoxīn. Rúguǒ wǒmen jīzhòng bó, tā huì fāchū jùdà de shēngyīn, huì chǎoxǐng móguǐ. Suǒyǐ, wǒmen jiāng shìzhe zài yígè bó shàng dǎ yígè xiǎo dòng. Zhǐyào nǐ kàndào yì diǎndiǎn guāng, nǐ jiù kěyǐ táo chūlái." Ránhòu tāmen kāishǐ yòng tāmen de wǔqì shìzhe zài bó shàng dǎ yígè dòng. Dàn zhè liǎng gè bó jiù xiàng yì zhī jiǎozi, tāmen de biān jǐn hé zài yìqǐ. Liǎng gè xiǎoshí lǐ, tāmen yòng le tāmen suǒyǒu de wǔqì, dàn tāmen méiyǒu bànfǎ zài bó shàng dǎchū yígè dòng.

Zuìhòu, yígè xīngxiù, Jīnlóng shuō, "Ràng wǒ shì shì." Tā yǒu yì zhī jiān jiǎo. Tā bǎ zìjǐ nòng dé hěn xiǎo, zhèyàng tā de jiǎo jiù xiàng yì gēn hěn xiǎo de zhēn. Ránhòu tā fēicháng yònglì de tuī. Tā

玉皇大帝抬起手说，"让二十八星宿[11]去帮助大圣。"二十八星宿马上跟着揭谛回到了寺庙。

他们在二更左右到了寺庙。所有的魔鬼都在睡觉。二十八星宿悄悄地走到金钹前。他们中的一人说，"大圣，我们是来这里帮助你逃出来的，但我们必须小心。如果我们击中钹，它会发出巨大的声音，会吵醒魔鬼。所以，我们将试着在一个钹上打一个小洞。只要你看到一点点光，你就可以逃出来。"然后他们开始用他们的武器试着在钹上打一个洞。但这两个钹就像一只饺子[12]，它们的边紧合在一起。两个小时里，他们用了他们所有的武器，但他们没有办法在钹上打出一个洞。

最后，一个星宿，金龙说，"让我试试。"他有一只尖角。他把自己弄得很小，这样他的角就像一根很小的针。然后他非常用力地推。他

---

[11] There are two different words for constellation in Chinese. The twelve signs of the Western zodiac are called 星座 (xīngzuò), and the twenty-eight ancient Chinese constellations are called 星宿 (xīngxiù).
[12] 饺子　　jiǎozi – dumpling

de jiǎo jiān chuāngguò liǎng gè bó zhōngjiān, jìn dào lǐmiàn. Sūn Wùkōng shénme yě kàn bújiàn, dàn tā de shǒuzhǐ néng gǎnjuédào jiǎo jiān. Tā yòng tā de jīn gū bàng zài jiǎo jiān shàng zuān le yígè xiǎo dòng. Ránhòu tā bǎ zìjǐ biàn dé xiàng jiècài zhǒngzǐ yíyàng xiǎo. Tā pá jìn le jiǎo jiān de dòng lǐ. "Hǎo, bǎ jiǎo lā chūqù!" tā hǎn dào.

Jīnlóng yòng le quánlì, lā chū le dàizhe Sūn Wùkōng de jiǎo. Zhè zhīhòu, lóng tài lèi le, tā dǎo zài dìshàng. Sūn Wùkōng cóng Jīnlóng de jiǎo lǐ pá le chūlái, huí dào tā zhèngcháng de dàxiǎo.

Xiànzài, Sūn Wùkōng hěn shēngqì. Tā yòng tā de jīn gū bàng zá zài bó shàng, tāmen suì chéng yìqiān kuài. Zhè nòng chū le jùdà de shēngyīn, chǎoxǐng le mówáng hé suǒyǒu de xiǎo móguǐ. Tāmen chōng jìn fángjiān, kàndào dìshàng de suì bó. "Kuài!" mówáng hǎn dào, "guānmén!" Dàn hái méi děng tāmen guānshàng mén, Sūn Wùkōng hé zhòng shén jiù fēikuài de chū le mén, fēi shàng jiǔtiān.

Mówáng ná qǐ le tā de wǔqì, yì gēn yǒu jiǔ gè jiān tóu de láng yá bàng. Móguǐ yǒu cháng cháng de tóufà, cūdà de huángsè méimáo, dà bízi, cháng yá. Tā kàn qǐlái xiàng yígè rén, dàn yě xiàng yìtóu

的角尖穿过两个钹中间，进到里面。孙悟空什么也看不见，但他的手指能感觉到角尖。他用他的金箍棒在角尖上钻了一个小洞。然后他把自己变得像芥菜种子一样小。他爬进了角尖的洞里。"好，把角拉出去！"他喊道。

金龙用了全力，拉出了带着孙悟空的角。这之后，龙太累了，他倒在地上。孙悟空从金龙的角里爬了出来，回到他正常的大小。

现在，孙悟空很生气。他用他的金箍棒砸在钹上，它们碎成一千块。这弄出了巨大的声音，吵醒了魔王和所有的小魔鬼。他们冲进房间，看到地上的碎钹。"快！"魔王喊道，"关门！"但还没等他们关上门，孙悟空和众神就飞快的出了门，飞上九天。

魔王拿起了他的武器，一根有九个尖头的狼牙棒[13]。魔鬼有长长的头发，粗大的黄色眉毛，大鼻子，长牙。他看起来像一个人，但也像一头

---

13 狼牙棒　láng yá bàng – wolf tooth mace

yěshòu. Tā dà hǎn, "Wùkōng! Yígè zhēn de nánrén bú huì jiù zhèyàng táopǎo! Lái zhèlǐ hé wǒ dǎ sān gè láihuí!"

Sūn Wùkōng fēi dào dìshàng. Tā huídá shuō, "Nǐ shì shénme yāoguài? Nǐ zěnme néng biànchéng jiǎ fó, zào chū yízuò jiǎ Léiyīn Shān?"

"Nǐ bù zhīdào wǒ de míngzì," móguǐ huídá. "Wǒ shì Huáng Méi Fó, dàn zhèlǐ de rén dōu jiào wǒ Huáng Méi Wáng. Wǒ hěnjiǔ yǐqián jiù zhīdào nǐmen de lǚtú le. Wǒ yòng wǒ de mófǎ bǎ nǐ hé nǐ de shīfu dài dào zhèlǐ. Xiànzài nǐ zài zhèlǐ, ràng wǒmen lái bǐ yíxià lìliàng. Rúguǒ nǐ yíng le, wǒ huì ràng nǐmen dōu líkāi, nǐmen kěyǐ jìxù nǐmen xiàng xī de lǚtú. Dànshì, rúguǒ nǐ shū le, wǒ huì shā le nǐmen suǒyǒu de rén, wǒ huì zìjǐ qù zhēn de Léiyīn Shān. Wǒ huì ná dào jīngshū, bǎ tāmen dài huí Zhōngguó."

"Nǐ shuō dé tài duō le," Sūn Wùkōng huídá, bá chū tā de jīn gū bàng. Tāmen kāishǐ zhàndòu. Zhàndòu de shíjiān bǐ sān gè láihuí hái yào cháng. Wǔshí gè láihuí hòu, tāmen réngrán zài zhàndòu. Zhàn

野兽[14]。他大喊，"悟空！一个真的男人不会就这样逃跑！来这里和我打三个来回！"

孙悟空飞到地上。他回答说，"你是什么妖怪？你怎么能变成假佛，造出一座假雷音山？"

"你不知道我的名字，"魔鬼回答。"我是黄眉佛，但这里的人都叫我黄眉王。我很久以前就知道你们的旅途了。我用我的魔法把你和你的师父带到这里。现在你在这里，让我们来比一下力量。如果你赢了，我会让你们都离开，你们可以继续你们向西的旅途。但是，如果你输了，我会杀了你们所有的人，我会自己去真的雷音山。我会拿到经书，把它们带回中国。"

"你说得太多了，"孙悟空回答，拔出他的金箍棒。他们开始战斗。战斗的时间比三个来回还要长。五十个来回后，他们仍然在战斗。战

---

[14] 兽　　shòu – beast

dòu de yìbiān yǒu xiǎo móguǐmen zài dà hǎn dà jiào, lìng yìbiān yǒu tiānshén hé tiānshàng de shìbīngmen zài dà hǎn dà jiào. Zuìhòu, Huáng Méi Wáng cóng yāodài shàng lā xià yíkuài jiù báibù, rēng xiàng kōngzhōng. Tā zhuā zhù le Sūn Wùkōng hé suǒyǒu de tiānshén hé tiānshàng de shìbīng. Tā zhuā zhù zhuāngzhe suǒyǒu rén de bù, bǎ tā dài huí le sìmiào. Tā gàosù tā de xiǎo móguǐmen, bǎ suǒyǒu de qiúfàn dōu bǎng qǐlái. Ránhòu móguǐmen chī le yí dùn dà yàn, cóng zǎoshàng chīhē dào wǎnshàng. Tāmen chī wán hē wán hòu, jiù qù shuìjiào le.

Qiúfànmen dōu gǎndào fēicháng xūruò, suǒyǐ tāmen méiyǒu bànfǎ cóng bǎngzhe de shéngzi zhōng táozǒu. Sūn Wùkōng tīngdào le kū shēng. Shì Tángsēng, tā shuō, "Wǒ yàoshì tīng le nǐ de huà jiù hǎo le. Wǒmen shì kěyǐ bìkāi zhè yíqiè de. Xiànzài, wǒmen de gōngzuò méiyǒu dédào rènhé dōngxi. Wǒmen zěnme néng cóng zhè kěpà de qíngkuàng zhōng déjiù ne?"

Sūn Wùkōng tīng le hěn gāoxìng! Tā ràng zìjǐ biàn dé fēicháng xiǎo, hěn róngyì cóng bǎng zài tā shēnshàng de shéngzi zhōng táo chūlái. Ránhòu tā sōng kāi le Tángsēng, Zhū hé Shā, ránhòu shì Èrshíbā Xīngxiù hé qítā de tiānshén hé tiānshàng de shìbīng. Tā ràng Tángsēng qí shàng báimǎ, kuài

斗的一边有小魔鬼们在大喊大叫，另一边有天神和天上的士兵们在大喊大叫。最后，<u>黄眉</u>王从腰带上拉下一块旧白布，扔向空中。它抓住了<u>孙悟空</u>和所有的天神和天上的士兵。他抓住装着所有人的布，把它带回了寺庙。他告诉他的小魔鬼们，把所有的<u>囚犯</u>[15]都绑起来。然后魔鬼们吃了一顿大宴，从早上吃喝到晚上。他们吃完喝完后，就去睡觉了。

囚犯们都感到非常虚弱，所以他们没有办法从绑着的绳子中逃走。<u>孙悟空</u>听到了哭声。是<u>唐僧</u>，他说，"我要是听了你的话就好了。我们是可以避开这一切的。现在，我们的工作没有得到任何东西。我们怎么能从这可怕的情况中得救呢？"

<u>孙悟空</u>听了很高兴！他让自己变得非常小，很容易从绑在他身上的绳子中逃出来。然后他松开了<u>唐僧</u>、<u>猪</u>和<u>沙</u>，然后是<u>二十八星宿</u>和其他的天神和天上的士兵。他让<u>唐僧</u>骑上白马，快

---

[15] 囚犯　　qiúfàn – prisoner

yìxiē líkāi sìmiào. Èrshíbā Xīngxiù yòng tāmen de mófǎ bāngzhù Tángsēng hé tā de túdìmen kuài kuài de líkāi. Zhè shí Sūn Wùkōng xiǎngqǐ tāmen de xínglǐ hái zài lǐmiàn. "Wǒ bìxū huíqù ná xínglǐ," tā shuō, "Tā lǐmiàn yǒu wǒmen de tōngguān wénshū, shīfu de sēngyī hé màozi, hái yǒu yàofàn de jīn wǎn. Zhèxiē dōu shì fójiào de dà bǎobèi, wǒmen bùnéng bǎ tāmen liú zài zhèlǐ." Tā huí dào lǐmiàn qù ná xínglǐ. Tā ná qǐ suǒyǒu de dōngxi, kāishǐ bǎ tāmen dài dào wàimiàn. Dàn yàofàn de jīn wǎn cóng tā shǒuzhōng diào le xiàlái, diào zài dìshàng, fāchū jùdà de shēngyīn. Zhè chǎoxǐng le mówáng hé tā de xiǎo móguǐ. Sūn Wùkōng diūdiào shèngxià de xínglǐ, yòng tā de jīndǒu yún táo chū le sìmiào.

Mówáng hé tā de xiǎo móguǐ pǎo chū sìmiào. Tāmen gēnzhe Sūn Wùkōng. Hěn kuài, tāmen lái dào le yíngdì, zài nàlǐ, yóurénmen, Èrshíbā Xīngxiù hé Wǔ Fāng Jiēdì zhèngzài xiūxí.

一些离开寺庙。二十八星宿用他们的魔法帮助唐僧和他的徒弟们快快地离开。

这时孙悟空想起他们的行李还在里面。"我必须回去拿行李,"他说,"它里面有我们的通关文书,师父的僧衣和帽子,还有要饭的金碗。这些都是佛教的大宝贝,我们不能把它们留在这里。"他回到里面去拿行李。他拿起所有的东西,开始把它们带到外面。但要饭的金碗从他手中掉了下来,掉在地上,发出巨大的声音。这吵醒了魔王和他的小魔鬼。孙悟空丢掉剩下的行李,用他的筋斗云逃出了寺庙。

魔王和他的小魔鬼跑出寺庙。他们跟着孙悟空。很快,他们来到了营地,在那里,游人们、二十八星宿和五方揭谛正在休息。

"Xiōngdìmen!" Jīnlóng dà hǎn dào, "yāoguài lái le!"

"Nǐmen juédé nǐmen yào qù nǎlǐ?" Mówáng hǎn dào.

Chú le Tángsēng hé nà pǐ mǎ, yíngdì lǐ suǒyǒu de rén dōu chōng shàng qián qù cānjiā zhàndòu. Sān gè túdì hé mówáng zhàndòu, tiānshén, tiānshàng de shìbīng hé jǐ qiān gè xiǎo móguǐ zhàndòu. Zhàndòu yìzhí jìxù dào tàiyáng xià dào xībian, yuèliang cóng dōngfāng de tiānkōng zhōng shànglái.

Sūn Wùkōng zhèngzài hé mówáng zhàndòu, tā kàndào mówáng ná chū le tā de báibù. "Zhè hěn bù hǎo," tā xiǎng. Tā hǎnzhe ràng qítā rén tíngzhǐ zhàndòu, mǎshàng táopǎo, ránhòu tā fēi xiàng le jiǔtiān. Dàn qítā rén méiyǒu tīng tā de huà, tāmen jìxù zhàndòu. Mówáng hěn róngyì de yòng tā de báibù bǎ tāmen dōu zhuā le qǐlái. Tā bǎ

"兄弟们[16]！"<u>金龙</u>大喊道，"妖怪来了！"

"你们觉得你们要去哪里？"魔王喊道。除了<u>唐僧</u>和那匹马，营地里所有的人都冲上前去参加战斗。三个徒弟和魔王战斗，天神、天上的士兵和几千个小魔鬼战斗。战斗一直继续到太阳下到西边，月亮从东方的天空中上来。

<u>孙悟空</u>正在和魔王战斗，他看到魔王拿出了他的白布。"这很不好，"他想。他喊着让其他人停止战斗，马上逃跑，然后他飞向了九天。但其他人没有听他的话，他们继续战斗。魔王很容易地用他的白布把他们都抓了起来。他把

---

[16] The Golden Dragon's brothers are the 27 other constellations of the Chinese zodiac: The Metal Dragon of the Gullet, the Earth Bat of the Woman, the Sun Hare of the Chamber, the Moon Fox of the Heart, the Fire Tiger of the Tail, the Water Leopard of the Winnower, the Wooden Unicorn of the Dipper, the Metal Bull of the Ox, the Earth Raccoon Dog of the Base, the Sun Rat of the Barrens, the Moon Swallow of the Roof, the Fire Pig of the House, the Water Beast of the Wall, the Wooden Wolf of the Strider, the Metal Dog of the Harvester, the Earth Boar of the Stomach, the Sun Cock of the Pleiades, the Moon Crow of the Net, the Fire Monkey of the Turtle, the Water Ape of Orion, the Wooden Hyena of the Well, the Metal Goat of the Ghosts, the Earth River Deer of the Willow, the Sun Horse of the Seven Stars, the Moon Deer of the Spread Net, the Fire Snake of the Wing, and the Water Worm of the Axletree.

tāmen dài huí sìmiào, guānshàng le mén.

Sūn Wùkōng cóng jiǔtiān fēi xiàlái, zài shān de dōngbian xiūxí. "Ò, shīfu!" tā kū dào, "nǐ qián yìshēng zuò le shénme, ràng nǐ yùdào zhèxiē máfan? Yào bǎ nǐ cóng tòngkǔ zhōng jiù chūlái, zhēnshì tài nán le. Wǒmen gāi zěnme bàn?"

Tā bù zhīdào gāi zuò shénme. Tā xiǎng qù zhǎo Yùhuáng Dàdì, dàn tā hàipà huángdì huì duì tā shēngqì. Ránhòu tā xiǎngqǐ yí wèi wěidà de zhànshì, míng jiào Dàng Mó Tiānzūn, tā zhù zài Wǔdāng Shān. Zhège zhànshì yě jiàozuò zǔshī. Tā juédìng qù qǐng zǔshī bāngzhù. Tā tiào dào kōngzhōng, yòng tā de jīndǒu yún xiàng nán zǒu qù.

他们带回寺庙,关上了门。

孙悟空从九天飞下来,在山的东边休息。"哦,师父!"他哭道,"你前一生做了什么,让你遇到这些麻烦?要把你从痛苦中救出来,真是太难了。我们该怎么办?"

他不知道该做什么。他想去找玉皇大帝,但他害怕皇帝会对他生气。然后他想起一位伟大的战士,名叫荡魔天尊,他住在武当山。这个战士也叫做祖师。他决定去请祖师帮助。他跳到空中,用他的筋斗云向南走去。

Dì 66 Zhāng

Sūn Wùkōng qù le Wǔdāng Shān, nàlǐ shì Dàng Mó Tiānzūn de jiā. Sūn Wùkōng tīngshuō guo dàshī chūshēng de gùshì.

Tā de bàba shì Jìnglè Guówáng

Tā de māma shì Shàn Shèng Wánghòu

Tā mèng jiàn tā tūn xià le tàiyáng

Shíwǔ gè yuè hòu, háizi chūshēng le

Tā zhǎngdà chéng yǒnggǎn qiángdà

Tā duì tā bàba de bǎozuò méiyǒu xìngqù

Tā zhǐ xiǎng qiú zhìhuì

Tā líkāi le tā fùmǔ de jiā

Tā qù shānlǐ shēnghuó

Zài nàlǐ tā xuéxí le Dào de àomì

Tā xuéhuì le zài rènhé shíhòu fēi dào tiāngōng qù de jìshù

Yùhuáng Dàdì jiào tā wéi Zhēnwǔ

Zài zhěngge shìjiè lǐ

Cóng kāishǐ dào jiéshù

第 66 章

<u>孙悟空</u>去了<u>武当山</u>，那里是<u>荡魔天尊</u>的家。<u>孙悟空</u>听说过大师出生的故事。

他的爸爸是<u>净乐</u>国王

他的妈妈是<u>善胜</u>王后

她梦见她吞[17]下了太阳

十五个月后，孩子出生了

他长大成勇敢[18]强大

他对他爸爸的宝座没有兴趣

他只想求智慧

他离开了他父母的家

他去山里生活

在那里他学习了道的奥秘[19]

他学会了在任何时候飞到天宫去的技术

<u>玉皇大帝</u>叫他为<u>真武</u>

在整个世界里

从开始到结束

---

17 吞　　tūn – to swallow
18 勇敢　yǒnggǎn – brave
19 奥秘　àomì – mystery

Tā zhīdào suǒyǒu de zhēnxiàng

Tā yíng le měi yì chǎng zhàndòu

Tā shā sǐ le měi yígè móguǐ.

Sūn Wùkōng lái dào le Wǔdāng Shān, hěn kuài de chuāngguò dì yī, dì èr, dì sān dào tiānmén. Zài nàlǐ, tā kàn dào yìqún dàchén, yǒu wǔbǎi rén. Tā yāoqiú jiàn zǔshī. Jǐ fēnzhōng hòu, zǔshī chūlái jiàn tā.

Sūn Wùkōng duì tā shuō, "Xiānshēng, wǒ xūyào nǐ de bāngzhù. Wǒ shì Sūn Wùkōng, Qí Tiān Dà Shèng. Wǒ hé Táng sēng yìqǐ qù xītiān qiú fójīng. Wǒmen dào le yígè jiào Xiǎo Léiyīn Shān de dìfāng, nà lǐ yǒu yígè móguǐ piàn le wǒ de shīfu, ràng wǒ shīfu yǐwéi tā shì zhēn de fózǔ. Móguǐ yòng yíkuài mó bù zhuā zhù le wǒ de shīfu, wǒ zìjǐ hé wǒ de túdì xiōngdì. Wǒ jiào Wǔ Fāng Jiēdì lái bāngzhù wǒmen. Qízhōng yí wèi qù jiàn le Yùhuáng Dàdì. Huángdì ràng Èrshíbā Xīngxiù lái bāngzhù wǒmen. Dàn suǒyǒu de xīngxiù dōu bèi zhuā le, xiànzài dōu shì qiúfàn. Wǒ zìjǐ yígè rén táo le chūlái. Qítā de rén dōu shì móguǐ de qiúfàn. Wǒ bù zhīdào gāi zěnme bàn, suǒyǐ wǒ qǐngqiú nǐ de bāngzhù."

Zǔshī diǎn le diǎn tóu. Tā shuō, "Zài guòqù de rìzi lǐ, wǒ

他知道所有的真相

他赢了每一场战斗

他杀死了每一个魔鬼。

孙悟空来到了武当山，很快地穿过第一、第二、第三道天门。在那里，他看到一群大臣，有五百人。他要求见祖师。几分钟后，祖师出来见他。

孙悟空对他说，"先生，我需要你的帮助。我是孙悟空，齐天大圣。我和唐僧一起去西天求佛经。我们到了一个叫小雷音山的地方，那里有一个魔鬼骗了我的师父，让我师父以为他是真的佛祖。魔鬼用一块魔布抓住了我的师父、我自己和我的徒弟兄弟。我叫五方揭谛来帮助我们。其中一位去见了玉皇大帝。皇帝让二十八星宿来帮助我们。但所有的星宿都被抓了，现在都是囚犯。我自己一个人逃了出来。其他的人都是魔鬼的囚犯。我不知道该怎么办，所以我请求你的帮助。"

祖师点了点头。他说，"在过去的日子里，我

tǒngzhì zhe běifāng de tǔdì. Yùhuáng Dàdì jiào wǒ Zhēnwǔ, yào wǒ shā diào zhè piàn tǔdì shàng suǒyǒu de móguǐ hé èmó. Wǒ chìjiǎo qí zài wūguī hé shé shàng. Wǒ dédào le wǔ wèi léi dàjiàng, lóng, shīzi hé qítā yěshòu de bāngzhù. Wǒmen yìqǐ jiéshù le móguǐ de tǒngzhì. Xiànzài wǒ ānjìng de shēnghuó zài zhè zuò shānshàng."

Tā jìxù shuō, "Wǒ hěn gāoxìng nǐ lái kàn wǒ, dàn yǒu yígè xiǎo wèntí. Yī fāngmiàn, méiyǒu Yùhuáng Dàdì de zhǐshì, wǒ bùnéng bāngzhù nǐ. Rúguǒ wǒ zuò le, tā kěnéng huì duì wǒ shēngqì. Dàn lìng yī fāngmiàn, wǒ bùnéng jùjué nǐ de yāoqiú. Suǒyǐ wǒ huì ràng Wūguī Dàjiàng, Shé Dàjiàng hé wǔdà shénlóng lái bāngzhù nǐ. Wǒ xiāngxìn tāmen huì zhuā zhù zhège móguǐ, jiùchū nǐ de shīfu."

Sūn Wùkōng jūgōng gǎnxiè. Ránhòu tā fēi xiàng kōngzhōng, qī gè móshòu jǐn gēn zài tā hòumiàn. Tāmen hěn kuài de dōu qù le Xiǎo Léiyīn Shān. Dāng tāmen dào le nàlǐ de shíhòu, yígè xiǎo móguǐ kàndào le tāmen, pǎo jìn le sìmiào. Tā duì Huáng Méi shuō, "Nà zhī hóuzi huí

统治着北方的土地。玉皇大帝叫我真武[20]，要我杀掉这片土地上所有的魔鬼和恶魔。我赤脚[21]骑在乌龟和蛇上。我得到了五位雷大将、龙、狮子和其他野兽的帮助。我们一起结束了魔鬼的统治。现在我安静地生活在这座山上。"

他继续说，"我很高兴你来看我，但有一个小问题。一方面，没有玉皇大帝的指示，我不能帮助你。如果我做了，他可能会对我生气。但另一方面，我不能拒绝你的要求。所以我会让乌龟大将、蛇大将和五大神龙来帮助你。我相信他们会抓住这个魔鬼，救出你的师父。"

孙悟空鞠躬感谢。然后他飞向空中，七个魔兽紧跟在他后面。他们很快地都去了小雷音山。当他们到了那里的时候，一个小魔鬼看到了他们，跑进了寺庙。他对黄眉说，"那只猴子回

---

[20] Zhenwu, the Perfect Warrior, the protector of Wudang Mountain, has long unbound hair and is barefoot. He represents the North and is one of four Chinese astrological figures for the four directions. Originally he was called Xuanwu (玄武), the Dark Warrior, but during the Northern Song dynasty his name was changed to Zhenwu in order to avoid using the character 玄 from the Song Emperor's name.
[21] 赤脚　　chìjiǎo – barefoot

lái le, dàizhe jǐ tiáo lóng, yì zhī wūguī hé yìtiáo shé. Wǒ xiǎng tāmen yào hé wǒmen zhàndòu."

Huáng Méi chuān shàng kuījiǎ, ná qǐ tā de láng yá bàng. Tā zǒu dào wàimiàn, dà hǎn, "Nǐmen shì shuí, nǐmen zěnme gǎn lái wǒ zhè shénxiān de jiā?"

Móshòumen huídá shuō, "Wúchǐ de yāoguài! Wǒmen shì Wūguī Dàjiàng, Shé Dàjiàng hé wǔdà shénlóng. Wǒmen shì bèi Qí Tiān Dà Shèng yāoqǐng dào zhèlǐ lái de. Wǒmen de shīfu shì yí wèi zǔshī, Dàng Mó Tiānzūn. Bǎ Táng sēng hé qítā qiúfàn gěi wǒmen, wǒmen huì ràng nǐ huó xiàqù. Rúguǒ nǐ bù gěi, wǒmen huì bǎ nǐ hé nǐ de xiǎo móguǐ kǎn chéng xiǎo kuài, bǎ nǐ suǒyǒu de fángzi dōu shāo chéng huī."

Zhè ràng Huáng Méi fēicháng shēngqì. Tā dà hǎn, "Búyào dòng, shì shì wǒ de lìliàng!" Zhàndòu kāishǐ le. Wǔtiáo lóng fān yún xià yǔ. Liǎng wèi dàjiàng yòng tāmen de wǔqì gōngjī, dài lái yízhèn tǔ hé shā. Sūn Wùkōng yòng tā de bàng jiārù le tāmen.

Tāmen zhàndòu le yígè xiǎoshí zuǒyòu. Zhè shí Sūn Wùkōng kàndào móguǐ xiàng xià qù ná tā de báibù. "Xiǎoxīn, wǒ de péngyǒumen!" Tā hǎn dào, ránhòu fēi dào jiǔtiān zhī shàng. Qī gè móshòu

来了,带着几条龙、一只乌龟和一条蛇。我想他们要和我们战斗。"

黄眉穿上盔甲,拿起他的狼牙棒。他走到外面,大喊,"你们是谁,你们怎么敢来我这神仙的家?"

魔兽们回答说,"无耻的妖怪!我们是乌龟大将,蛇大将和五大神龙。我们是被齐天大圣邀请到这里来的。我们的师父是一位祖师,荡魔天尊。把唐僧和其他囚犯给我们,我们会让你活下去。如果你不给,我们会把你和你的小魔鬼砍成小块,把你所有的房子都烧成灰。"

这让黄眉非常生气。他大喊,"不要动,试试我的力量!"战斗开始了。五条龙翻云下雨。两位大将用他们的武器攻击,带来一阵土和沙。孙悟空用他的棒加入了他们。

他们战斗了一个小时左右。这时孙悟空看到魔鬼向下去拿他的白布。"小心,我的朋友们!"他喊道,然后飞到九天之上。七个魔兽

bù zhīdào tā zhè shì shénme yìsi. Tāmen tíngzhǐ le yòng wǔqì gōngjī, dàn tāmen méiyǒu fēi zǒu. Huáng Méi bǎ bù rēng xiàng kōngzhōng. Tā róngyì de zhuā le suǒyǒu qī gè móshòu. Móguǐ kǔn jǐn bù, bǎ qiúfàn dài huí sìmiào de dìjiào.

Sūn Wùkōng zài jiǔtiān shàng kànjiàn le zhè. Zài móshòu bèi zhuā hòu, tā huí dào le shān de zhè biān. Tā duì zìjǐ shuō, "Zhège móguǐ fēicháng qiángdà!" Tā bù zhīdào xià yíbù gāi zuò shénme. Tā zuòzhe, bú dòng, bì zhe yǎnjīng.

"Xǐng xǐng, dà shèng!" fùjìn chuán lái yígè shēngyīn. Sūn Wùkōng zhāng kāi yǎnjīng, tiào le qǐlái, zhuā zhù tā de bàng. Tā kàndào shì Rì Zhí.

"Nǐ zhège wúchǐ de xiǎo shén," tā hǎn dào, "wǒ yǐjīng hǎo jǐ tiān méi jiàndào nǐ le. Nǐ wèishénme xiànzài chūxiàn zài zhèlǐ? Nǐ ràng wǒ hěn shēngqì, wǒ xiǎng wǒ huì dǎ jǐ xià nǐ de jiǎo, zhǐshì wèi le ràng wǒ zìjǐ gǎnjué hǎo yìdiǎn."

Rì Zhí huídá shuō, "Dà shèng, qǐng búyào shēngqì. Nǐ zhīdào,

不知道他这是什么意思。他们停止了用武器攻击，但他们没有飞走。黄眉把布扔向空中。它容易地抓了所有七个魔兽。魔鬼捆紧布，把囚犯带回寺庙的地窖[22]。

孙悟空在九天上看见了这。在魔兽被抓后，他回到了山的这边。他对自己说，"这个魔鬼非常强大！"他不知道下一步该做什么。他坐着，不动，闭着眼睛。

"醒醒，大圣！"附近传来一个声音。孙悟空张开眼睛，跳了起来，抓住他的棒。他看到是日值。

"你这个无耻的小神，"他喊道，"我已经好几天没见到你了。你为什么现在出现在这里？你让我很生气，我想我会打几下你的脚，只是为了让我自己感觉好一点。"

日值回答说，"大圣，请不要生气。你知道，

---

[22] 地窖　　dìjiào – cellar

wǒ lái zhèlǐ shì wèi le mìmì de bǎohù Táng sēng."

"N, nǐ zuò dé búshì hěn hǎo. Gàosù wǒ, zhège yāoguài bǎ wǒ de shīfu, wǒ de túdì xiōngdì, Èrshíbā Xīngxiù, hé qítā shén hé móshòu guān zài nǎlǐ?"

"Nǐ de shīfu hé lìngwài liǎng gè túdì bèi bǎng le qǐlái. Tāmen bèi diào zài bǎobèi dàdiàn pángbiān de yì jiān fángjiān lǐ. Qítā de rén bèi guān zài dìjiào lǐ. Nǐ yídìng yào kuài qù jiù tāmen!"

Sūn Wùkōng shuō, "Wǒ néng qù nǎlǐ? Wǒ bùnéng shàngtiān, wǒ bùnéng xiàhǎi, wǒ hàipà qù jiàn púsà, wǒ bùnéng qù jiàn fózǔ. Qī gè móshòu bùnéng bāng wǒ, yīnwèi tāmen yě bèi zhuā le. Wǒ bù gǎn huí dào zǔshī nàlǐ gàosù tā, tā de móshòu bèi zhuā le. Wǒ méiyǒu dìfāng kěyǐ qù."

"Bié dānxīn, dà shèng! Nǐ gānggāng zài Wǔdāng Shān shàng. Fùjìn shì Xūyí Shān. Yǒu yí wèi wěidà de lǎoshī zhù zài nàlǐ. Tā jiào Púsà Wáng Lǎoshī. Tā yǒu ge túdì jiào Xiǎo Zhāng Tàizǐ. Nàlǐ hái yǒu sì wèi qiángdà de tiānguó dàjiàng. Wǒ tīng shuō tāmen fēicháng néng hé móguǐ zhàndòu. Nǐ yīnggāi qù qiú tāmen de bāngzhù."

Zhè ràng Sūn Wùkōng gǎnjué hǎoduō le. Tā zhàn qǐlái shuō, "Hǎo

我来这里是为了秘密地保护唐僧。"

"嗯,你做得不是很好。告诉我,这个妖怪把我的师父、我的徒弟兄弟、二十八星宿、和其他神和魔兽关在哪里?"

"你的师父和另外两个徒弟被绑了起来。他们被吊在宝贝大殿旁边的一间房间里。其他的人被关在地窖里。你一定要快去救他们!"

孙悟空说,"我能去哪里?我不能上天,我不能下海,我害怕去见菩萨,我不能去见佛祖。七个魔兽不能帮我,因为它们也被抓了。我不敢回到祖师那里告诉他,他的魔兽被抓了。我没有地方可以去。"

"别担心,大圣!你刚刚在武当山上。附近是盱眙山。有一位伟大的老师住在那里。他叫菩萨王老师。他有个徒弟叫小张太子。那里还有四位强大的天国大将。我听说他们非常能和魔鬼战斗。你应该去求他们的帮助。"

这让孙悟空感觉好多了。他站起来说,"好

ba, wǒ zhè jiù qù. Nǐ liú zài zhèlǐ, zhàogù shīfu. Búyào ràng tā yǒu rènhé shānghài." Ránhòu tā yòng tā de jīndǒu yún fēi xiàng le Xūyí Shān.

Hěn kuài, tā jiù dào le Xūyí Shān. Tā kàndào le yízuò dà sìmiào hé yízuò yìqiān chǐ gāo de bǎotǎ. Tā jìn le bǎotǎ de èr lóu. Zài nàlǐ, tā yùdào le Púsà Wáng Lǎoshī hé Xiǎo Zhāng Tàizǐ. Sūn Wùkōng xiàng tāmen jūgōng. Ránhòu tā bǎ Tángsēng hé qítā rén bèi zhuā de shìqíng gàosù le Púsà Wáng Lǎoshī.

Dāng Sūn Wùkōng jiǎng wán zhège gùshì hòu, Púsà Wáng Lǎoshī shuō, "Nǐ shuō de shì, duì wǒmen fójiào de chénggōng hěn zhòngyào, wǒ yīnggāi hé nǐ yìqǐ qù nàlǐ bāngmáng. Dànshì yǒu yígè xiǎo wèntí. Xiànzài zhège dìfāng yǒu dàyǔ, fùjìn de Huái Hé kěnéng huì yǒu hóngshuǐ. Wǒ zuìjìn zhǐ néng qù hé Shuǐ Yuán Dà Shèng zhàndòu. Tā shì yì zhī zhǎo máfan de hóuzi! Rúguǒ shuǐ pèngdào tā, tā kěnéng huì zhǎo máfan, zhǐyǒu wǒ néng dǎbài tā. Suǒyǐ wǒ bùnéng líkāi. Dàn

吧,我这就去。你留在这里,照顾师父。不要让他有任何伤害。"然后他用他的筋斗云飞向了盱眙山。

很快,他就到了盱眙山。他看到了一座大寺庙和一座一千尺高的宝塔。他进了宝塔的二楼。在那里,他遇到了菩萨王老师和小张太子。孙悟空向他们鞠躬。然后他把唐僧和其他人被抓的事情告诉了菩萨王老师。

当孙悟空讲完这个故事后,菩萨王老师说,"你说的事,对我们佛教的成功[23]很重要,我应该和你一起去那里帮忙。但是有一个小问题。现在这个地方有大雨,附近的淮河可能会有洪水。我最近只能去和水猿大圣[24]战斗。他是一只找麻烦的猴子!如果水碰到他,他可能会找麻烦,只有我能打败他。所以我不能离开。但

---

[23] 成功　chénggōng – success
[24] This ape is also known as Wuzhiqi (無支祁), an aquatic demon with the appearance of a green macaque monkey. He lived in the Huai River. He was considered the god of water in ancient Chinese mythology. He was defeated by the emperor Yu the Great as part of the emperor's grand project to tame the Great Flood of Gun-Yu and is imprisoned under Turtle Mountain.

shì, wǒ huì ràng wǒ de túdì Xiǎo Zhāng hé sì dà zhànshì qù. Tāmen qù zhuā zhège móguǐ yīnggāi méiyǒu wèntí."

Sūn Wùkōng duì zhè yǒuxiē dānxīn, dàn tā háishì gǎnxiè le Púsà Wáng Lǎoshī. Tā hé Xiǎo Zhāng, hái yǒu sì dà zhànshì, yìqǐ huídào le Xiǎo Léiyīn Sì.

Nǐ kěnéng cāidào jiēzhe fāshēng le shénme. Yígè xiǎo yāoguài xiàng Huáng Méi Wáng bàogào shuō, Xiǎo Zhāng, Sūn Wùkōng hé sì dà zhànshì zhèng zhàn zài sìmiào wài. Huáng Méi chūlái duì Sūn Wùkōng hǎn dào, "Hóuzi! Zhè cì nǐ dài lái le shuí?"

Xiǎo Zhāng zǒu shàng qián, huídá shuō, "Nǐ zhège wúfǎwútiān de yāoguài! Nǐ de liǎn shàng méiyǒu ròu, nǐ de yǎnjīng kàn bújiàn. Zhè jiùshì wèishénme nǐ bú rènshí wǒ! Wǒ shì Púsà Wáng Lǎoshī de túdì, wǒ shì lái bāngzhù Qí Tiān Dà Shèng de. Zhè jiùshì wèishénme wǒ lái zhèlǐ zhuā nǐ."

Huáng Méi xiào dào, "Nǐ zhǐshì yígè xiǎo nánhái. Nǐ wèishénme gǎn yǐwéi nǐ néng hé wǒ zhàndòu?"

"Wǒ shì Liúshā Wángguó guówáng de érzi. Wǒ xiǎoshíhòu jiù líkāi le jiā, xuédào le chángshēng de mìmì. Wǒ qùguò fózǔ de jiā.

是，我会让我的徒弟小张和四大战士去。他们去抓这个魔鬼应该没有问题。"

孙悟空对这有些担心，但他还是感谢了菩萨王老师。他和小张，还有四大战士，一起回到了小雷音寺。

你可能猜到接着发生了什么。一个小妖怪向黄眉王报告说，小张、孙悟空和四大战士正站在寺庙外。黄眉出来对孙悟空喊道，"猴子！这次你带来了谁？"

小张走上前，回答说，"你这个无法无天的妖怪！你的脸上没有肉，你的眼睛看不见。这就是为什么你不认识我！我是菩萨王老师的徒弟，我是来帮助齐天大圣的。这就是为什么我来这里抓你。"

黄眉笑道，"你只是一个小男孩。你为什么敢以为你能和我战斗？"

"我是流沙王国国王的儿子。我小时候就离开了家，学到了长生的秘密。我去过佛祖的家。

Wǒ yòng shuāngshǒu zhuā le yì zhī shuǐ yāoguài. Wǒ dǎbài le lǎohǔ hé lóng. Xiànzài wǒ yě yào dǎbài nǐ!"

"Xiǎo tàizǐ, nǐ hěn bèn, gēnzhe zhè zhī hóuzi zǒuguò qiān shān wàn shuǐ. Nǐ kěnéng zúgòu qiángdà, kěyǐ dǎbài jǐ zhī lǎohǔ, jǐ tiáo lóng hé jǐ gè shuǐ yāoguài, dàn rúguǒ nǐ xiǎng yào hé wǒ zhàndòu, nǐ huì diūdiào nǐ de shēngmìng."

Zhàndòu jiù zhèyàng kāishǐ le. Sūn Wùkōng yòng tā de bàng. Xiǎo Zhāng yòng tā de wǔqì, yì bǎ bái chángqiāng. Sì míng zhànshì yòng tāmen de hóng jiàn. Dàn Huáng Méi fēicháng qiángdà. Tā yòng láng yá bàng, qítā rén méiyǒu bànfǎ dǎbài tā.

Tāmen zhàndòu le hěn cháng shíjiān. Sūn Wùkōng xiǎoxīn de kànzhe Huáng Méi. Huángméi zhèng yào qù ná báibù, Sūn Wùkōng jiù dà hǎn, "Suǒyǒu de rén, xiǎoxīn!" Tā fēikuài de fēi xiàng le jiǔtiān. Qítā rén méiyǒu fēi dé nàme kuài. Tāmen dōu bèi báibù zhuā zhù le. Huáng Méi bǎ tāmen dài huí sìmiào, hé qítā qiúfàn yìqǐ guān zài dìjiào lǐ.

Sūn Wùkōng zuò xià, kū le qǐlái. Tā zuò le hěnjiǔ, bù zhīdào xià yíbù gāi zěnme bàn. Guò le yīhuǐ'er, tā tái qǐtóu kàn.

我用双手抓了一只水妖怪。我打败了老虎和龙。现在我也要打败你！"

"小太子，你很笨，跟着这只猴子走过千山万水。你可能足够强大，可以打败几只老虎、几条龙和几个水妖怪，但如果你想要和我战斗，你会丢掉你的生命。"

战斗就这样开始了。孙悟空用他的棒。小张用他的武器，一把白长枪。四名战士用他们的红剑。但黄眉非常强大。他用狼牙棒，其他人没有办法打败他。

他们战斗了很长时间。孙悟空小心地看着黄眉。黄眉正要去拿白布，孙悟空就大喊，"所有的人，小心！"他飞快地飞向了九天。其他人没有飞得那么快。他们都被白布抓住了。黄眉把他们带回寺庙，和其他囚犯一起关在地窖里。

孙悟空坐下，哭了起来。他坐了很久，不知道下一步该怎么办。过了一会儿，他抬起头看。

Yì duǒ cǎiyún cóng dōngnán fāngxiàng guòlái. Yún de hòumiàn, yuǎn chǔ de shānshàng xiàzhe dàyǔ. Yígè rén qí zài yún shàng. Tā yǒu liǎng zhī dà ěrduǒ, yì zhāng fāng liǎn, kuān jiān hé yígè dàdùzi. Tā de yǎnjīng míngliàng, tā de shēngyīn mǎn shì kuàilè. Sūn Wùkōng mǎshàng rèn chū, zhè jiùshì nàge xiào sēng Mílè, wèilái de fózǔ.

Sūn Wùkōng guì dǎo zài dì, kòutóu. Tā shuō, "Fózǔ, nǐ yào qù nǎlǐ?"

Mílè huídá shuō, "Wǒ lái zhèlǐ, shì yīnwèi Xiǎo Léiyīn Shān de móguǐ."

"Xièxiè nǐ. Qǐngwèn, zhège móguǐ shì shuí? Tā cóng nǎlǐ lái? Tā yòng de nàge báibù bǎobèi shì shénme?"

"Tā yǐqián shì yígè huáng tóufà, huáng méimáo de niánqīng rén. Tā de gōngzuò shì qiāo jī liǎng gè jīn bó, zài wǒ de gōngdiàn lǐ tánzòu yīnyuè. Jīnnián zǎo xiē shíhòu, wǒ xūyào líkāi yíduàn shíjiān. Wǒ bǎ tā liú zài gōngdiàn lǐ. Tā tōu zǒu le wǒ de yìxiē bǎobèi, biàn

一朵彩云从东南方向过来。云的后面，远处的山上下着大雨。一个人骑在云上。他有两只大耳朵，一张方脸，宽肩和一个大肚子。他的眼睛明亮，他的声音满是快乐。孙悟空马上认出，这就是那个笑僧弥勒[25]，未来的佛祖。

孙悟空跪倒在地，叩头。他说，"佛祖，你要去哪里？"

弥勒回答说，"我来这里，是因为小雷音山的魔鬼。"

"谢谢你。请问，这个魔鬼是谁？他从哪里来？他用的那个白布宝贝是什么？"

"他以前是一个黄头发、黄眉毛的年轻人。他的工作是敲击两个金钹，在我的宫殿里弹奏音乐。今年早些时候，我需要离开一段时间。我把他留在宫殿里。他偷走了我的一些宝贝，变

---

[25] Mílè, known in English as Maitreya, is one of the thousands of forms taken by the Buddha. According to Buddhist legend, he will appear on earth in the future when the dharma (teachings) has been forgotten by most of the world. He will replace the current Buddha, Gautama, and will restore the dharma. Then the people of earth will lose their doubts, be freed from unhappiness, and lead joyous and holy lives.

chéng fózǔ de yàngzi, láidào dìqiú shàng. Tā de báibù shì wǒ de 'rén zhǒngzǐ dài.' Tā de láng yá bàng shì qiāo jī bó de bàng."

Sūn Wùkōng shuō, "A, wǒ hěn chījīng, nǐ ràng zhège nánhái táozǒu le, chéng le jiǎ fó!"

"Shì de, wǒ hěn bù xiǎoxīn. Dànshì, zài zhè duàn lǚtú zhōng, shòudào tòngkǔ shì nǐ shīfu de mìngyùn. Tā bìxū jīngguò bāshíyī cì kǎoyàn, nǐ bìxū hé yìbǎi gè yāoguài hé móguǐ zhàndòu. Xiànzài wǒ yào qù bāng nǐ zhuā zhège yāoguài."

"Zhège yāoguài yǒu jùdà de lìliàng. Nǐ lián wǔqì dōu méiyǒu. Nǐ zěnme néng dǎbài tā ne?"

Mílè xiào le. "Zhè bú huì yǒu wèntí. Zài zhè zuò shānxià, yǒu yípiàn cǎodì. Zài cǎodì shàng, wǒ huì jiàn yígè xiǎowū hé yípiàn guā dì. Suǒyǒu de guā dōu bú huì chéngshú. Qù kāishǐ hé móguǐ zhàndòu. Búyào shìzhe dǎbài tā. Bǎ tā dài dào guā dì. Dāng nǐ dào

成佛祖的样子，来到地球上。他的白布是我的'人种子袋²⁶。'他的狼牙棒是敲击钹的棒。"

孙悟空说，"啊，我很吃惊，你让这个男孩逃走了，成了假佛！"

"是的，我很不小心。但是，在这段旅途中，受到痛苦是你师父的命运。他必须经过八十一次考验²⁷，你必须和一百个妖怪和魔鬼战斗。现在我要去帮你抓这个妖怪。"

"这个妖怪有巨大的力量。你连武器都没有。你怎么能打败他呢？"

弥勒笑了。"这不会有问题。在这座山下，有一片草地。在草地上，我会建一个小屋和一片瓜²⁸地。所有的瓜都不会成熟。去开始和魔鬼战斗。不要试着打败他。把他带到瓜地。当你到

---

[26] A legendary tenth century wandering sage named Budai (or Hotei) was believed to be an incarnation of Maitreya. He carried a hemp bag full of gifts for local peasants, especially children. He is a fertility deity and is portayed as a disheveled, fat, laughing Buddha. A porcelain statue of Budai is often seen in Chinese restaurants.

[27] 考验　　　kǎoyàn – trial, ordeal
[28] 瓜　　　　guā – melon

le zhèlǐ, bǎ nǐ zìjǐ biànchéng yì zhī chéngshú de guā. Yāoguài huì yòu è yòu kě, suǒyǐ tā huì zhǎo chéngshú de guā. Tā huì zhǎodào nǐ, chī diào nǐ. Ránhòu nǐ huì zài yāoguài de dùzi lǐ. Nà shí, nǐ kěyǐ duì tā zuò rènhé nǐ xiǎng yào zuò de shìqing."

"Zhè shì yígè hǎo zhǔyì. Kěshì yāoguài wèishénme huì gēnzhe wǒ qù guā dì ne?"

"Wǒ huì jiāo nǐ yìdiǎn mófǎ. Bǎ nǐ de shǒu gěi wǒ." Sūn Wùkōng bǎ tā de zuǒshǒu gěi tā. Mílè tiǎn le tiǎn tā zìjǐ de shǒuzhǐ, ránhòu zài Sūn Wùkōng de shǒuzhǎng shàng xiě xià le "jìn" zì. Tā shuō, "Bǎochí nǐ de zuǒshǒu wò chéng quántóu, zhǐ bǎ zhè zì gěi móguǐ kàn. Dāng tā kàndào tā shí, tā huì gēnzhe nǐ."

Jiù zhèyàng, Sūn Wùkōng huídào le sìmiào. Tā duìzhe Huáng Méi dà hǎn dào, "Xié'è de yāoguài, nǐ de zhǔrén huílái le. Xiànzài chūlái ba!"

Yī fēnzhōng hòu, Huáng Méi zǒu le chūlái, shuō, "Yòu shì nǐ. Dànshì zhǐyǒu nǐ yígè rén. Kàn qǐlái méiyǒu rén yuànyì bāngzhù nǐ."

了这里，把你自己变成一只成熟的瓜。妖怪会又饿又渴，所以他会找成熟的瓜。他会找到你，吃掉你。然后你会在妖怪的肚子里。那时，你可以对他做任何你想要做的事情。"

"这是一个好主意。可是妖怪为什么会跟着我去瓜地呢？"

"我会教你一点魔法。把你的手给我。"孙悟空把他的左手给他。弥勒舔了舔他自己的手指，然后在孙悟空的手掌上写下了"禁[29]"字。他说，"保持你的左手握[30]成拳头，只把这字给魔鬼看。当他看到它时，他会跟着你。"

就这样，孙悟空回到了寺庙。他对着黄眉大喊道，"邪恶的妖怪，你的主人回来了。现在出来吧！"

一分钟后，黄眉走了出来，说，"又是你。但是只有你一个人。看起来没有人愿意帮助你。

---

[29] 禁　　jìn – to forbid
[30] 握　　wò – grip, closed fist

Zhè cì, nǐ huì diūdiào nǐ de shēngmìng." Ránhòu, tā kàndào Sūn Wùkōng zhǐ yòng yì zhī shǒu názhe tā de bàng. "Nǐ wèishénme zhǐ yòng yì zhī shǒu?" tā wèn.

"Nǐ shì yígè kělián de zhànshì, zhè jiùshì wèishénme nǐ bìxū zǒng shì yòng nà kuài báibù. Wǒ gǎn gēn nǐ dǔ, rúguǒ nǐ búyòng báibù hé wǒ zhàndòu, wǒ yì zhī shǒu jiù néng dǎbài nǐ."

"Hǎo ba, jìxù yòng yì zhī shǒu zhàndòu. Wǒ bú huì yòng wǒ de bǎobèi." Tā pǎo shàng qián qù gōngjī Sūn Wùkōng. Sūn Wùkōng dǎkāi tā de zuǒ quán, ràng Huáng Méi kàn le nà shénqí de zì. Huáng Méi mǎshàng wàngjì le yíqiè, chú le yòng láng yá bàng gōngjī Sūn Wùkōng. Hóuzi xiàng guā dì tuìqù, Huáng Méi jǐn gēn zài tā hòumiàn.

Tāmen lái dào le guā dì. Sūn Wùkōng biànchéng le yì zhī dà guā, chéngshú yòu tián. Huáng Méi kàn le sìzhōu, méiyǒu kàndào hóuzi. Tā zǒu dào cǎowū qián, shuō, "Shuí shì zhèlǐ de nóngfū?"

"Wǒ shì nóngfū," Mílè cóng xiǎowū lǐ chūlái shuō. Tā biàn le tā de yàngzi, kàn qǐlái xiàng ge pǔtōng de nóngfū.

"Nǐ yǒu chéngshú de guā ma? Wǒ hěn kě."

这次，你会丢掉你的生命。"然后，他看到<u>孙悟空</u>只用一只手拿着他的棒。"你为什么只用一只手？"他问。

"你是一个可怜的战士，这就是为什么你必须总是用那块白布。我敢跟你赌，如果你不用白布和我战斗，我一只手就能打败你。"

"好吧，继续用一只手战斗。我不会用我的宝贝。"他跑上前去攻击<u>孙悟空</u>。<u>孙悟空</u>打开他的左拳，让<u>黄眉</u>看了那神奇的字。<u>黄眉</u>马上忘记了一切，除了用狼牙棒攻击<u>孙悟空</u>。猴子向瓜地退去，<u>黄眉</u>紧跟在他后面。

他们来到了瓜地。<u>孙悟空</u>变成了一只大瓜，成熟又甜。<u>黄眉</u>看了四周，没有看到猴子。他走到草屋前，说，"谁是这里的农夫？"

"我是农夫，"<u>弥勒</u>从小屋里出来说。他变了他的样子，看起来像个普通的农夫。

"你有成熟的瓜吗？我很渴。"

"Dāngrán yǒu. Qǐng ná yígè ba."

Huáng Méi kàn le sìzhōu. Tā zài dì lǐ kàndào le yì zhī chéngshú de guā. Tā bǎ tā ná qǐlái kāishǐ chī. Sūn Wùkōng tiào jìn tā de zuǐ lǐ, xià dào tā de dùzi lǐ. Ránhòu tā kāishǐ cóng lǐmiàn tī Huáng Méi. Kěpà de téngtòng ràng Huáng Méi dǎo zài dìshàng, kū le qǐlái. Tā hǎn dào, "Wǒ wán le! Wǒ wán le! Shuí néng bāng wǒ?"

Mílè xiàng tā zǒu lái. Tā biàn huí dào tā de zhēn yàngzi, shuō, "Wúchǐ de yěshòu, nǐ xiànzài rèn chū wǒ le ma?"

Huáng Méi táitóu kàn, mǎshàng rèn chū le tā de shīfu. Tā yìbiān yòng shuāngshǒu bàozhe zìjǐ de dùzi, yìbiān xiàng Mílè kòutóu. "Shīfu, qǐng ràng wǒ huózhe! Wǒ bú huì zài zhèyàng zuòle!"

Mílè cóng Huáng Méi de yāodài shàng ná zǒu le bái dàizi. Ránhòu tā ná zǒu le láng yá bàng. Sūn Wùkōng hái zài Huáng Méi de dùzi lǐ, yònglì de tīzhe. Mílè dà hǎn dào, "Sūn Wùkōng, bié zài tī tā le!"

Sūn Wùkōng bù tīng. Tā fēicháng shēngqì, jìxù cóng lǐmiàn tī Huáng Méi.

"当然有。请拿一个吧。"

黄眉看了四周。他在地里看到了一只成熟的瓜。他把它拿起来开始吃。孙悟空跳进他的嘴里，下到他的肚子里。然后他开始从里面踢黄眉。可怕的疼痛让黄眉倒在地上，哭了起来。他喊道，"我完了！我完了！谁能帮我？"

弥勒向他走来。他变回到他的真样子，说，"无耻的野兽，你现在认出我了吗？"

黄眉抬头看，马上认出了他的师父。他一边用双手抱着自己的肚子，一边向弥勒叩头。"师父，请让我活着！我不会再这样做了！"

弥勒从黄眉的腰带上拿走了白袋子。然后他拿走了狼牙棒。孙悟空还在黄眉的肚子里，用力地踢着。弥勒大喊道，"孙悟空，别再踢他了！"

孙悟空不听。他非常生气，继续从里面踢黄眉。

"Fàngguò tā!" Mílè hǎn dào.

Sūn Wùkōng zhōngyú tíng le xiàlái. Tā shuō, "Zhāng kāi nǐ de zuǐ, nǐ zhège wúchǐ de yěshòu, ràng wǒ chūlái." Huáng Méi zhāng kāi zuǐ. Sūn Wùkōng tiào le chūlái. Ránhòu tā zhuā qǐ tā de bàng, zhǔnbèi bǎ tā dǎ zài Huáng Méi de tóu shàng. Dàn hái méi děng tā zhèyàng zuò, Mílè jiù zhuā zhù le Huáng Méi, bǎ tā biàn dé hěn xiǎo, bǎ tā diū jìn le nàge bái dàizi lǐ.

Mílè kàn le guā dì de sìzhōu. Ránhòu tā duì dàizi lǐ de Huáng Méi shuō, "Nǐ yòng wǒ de jīn bó zuò le shénme?"

Huáng Méi hǎn dào, "Nà zhī zhǎo máfan de hóuzi zá huài le tāmen!"

"Rúguǒ tāmen bèi zá huài le, nàme nǐ zhìshǎo bìxū bǎ jīnzi huán gěi wǒ."

"Nà yì duī jīn kuài zài Xiǎo Léiyīn Sì de bǎozuò fángjiān lǐ."

Mílè hé Sūn Wùkōng yìqǐ shàngshān, qù le sìmiào. Dāng tāmen dào le nàlǐ de shíhòu, tāmen kàndào dàmén guānzhe, shàng le suǒ. Mílè huī le yíxià tā de shǒu, dàmén jiù bèi dǎkāi le. Tāmen

"放过他！"弥勒喊道。

孙悟空终于停了下来。他说，"张开你的嘴，你这个无耻的野兽，让我出来。"黄眉张开嘴。孙悟空跳了出来。然后他抓起他的棒，准备把它打在黄眉的头上。但还没等他这样做，弥勒就抓住了黄眉，把他变得很小，把他丢进了那个白袋子里。

弥勒看了瓜地的四周。然后他对袋子里的黄眉说，"你用我的金钹做了什么？"

黄眉喊道，"那只找麻烦的猴子砸坏了它们！"

"如果它们被砸坏了，那么你至少必须把金子还给我。"

"那一堆金块在小雷音寺的宝座房间里。"

弥勒和孙悟空一起上山，去了寺庙。当他们到了那里的时候，他们看到大门关着，上了锁。弥勒挥了一下他的手，大门就被打开了。他们

zǒu le jìnqù. Bǎozuò fángjiān lǐ yǒu yì duī jīn kuài. Mílè xiàng tāmen chuī qì, niàn le yígè mó yǔ. Jīnzi biànchéng le liǎng gè xiǎo bó. Tā ná qǐ liǎng gè bó. Ránhòu bǎ tāmen hé láng yá bàng fàng jìn tā de cháng yī. Ránhòu, tā názhe zhuāng yǒu Huáng Méi de bái dàizi, fēi xiàng kōngzhōng, huí dào le zuìgāo tiāngōng zhōng tā de jiā.

Sūn Wùkōng zǒu jìn fángjiān, zhǎodào le Tángsēng, Zhū hé Shā. Tā sōngkāi le tāmen de shéngzi. Zhū è le, lián Sūn Wùkōng dōu méi gǎnxiè, jiù pǎo jìn chúfáng, kāishǐ bǎ mǐfàn fàng jìn tā de zuǐ lǐ. Chī wán liǎng guō mǐfàn hòu, tā dài le yìxiē mǐfàn huílái, gěi qítā rén chī.

Sūn Wùkōng gěi tāmen jiǎng le tā hé Huáng Méi zhàndòu de gùshì, yě jiǎng le tā cóng Mílè nàlǐ dédào de bāngzhù. Ránhòu tā zǒu jìn dìjiào, sōngkāi le suǒyǒu qiúfàn de shéngzi. Qiúfànmen cóng dìjiào lǐ chūlái. Tángsēng chuānzhe sēngyī, dàizhe màozi, zài nàlǐ jiàn le tāmen, gǎnxiè tāmen de bāngzhù.

Ránhòu Wūguī Dàjiàng, Shé Dàjiàng hé wǔdà shénlóng huí dào le Wǔdāng Shān. Xiǎo Zhāng hé sì dà zhànshì huí dào le tāmen de jiā. Èrshíbā Xīngxiù huí dào le tiāngōng. Wǔ Fāng Jiēdì, Guāngmíng Liùshén hé Hēi'àn Liùshén yě huí dào le tāmen zài tiāngōng de jiā.

走了进去。宝座房间里有一堆金块。弥勒向它们吹气，念了一个魔语。金子变成了两个小钹。他拿起两个钹。然后把它们和狼牙棒放进他的长衣。然后，他拿着装有黄眉的白袋子，飞向空中，回到了最高天宫中他的家。

孙悟空走进房间，找到了唐僧、猪和沙。他松开了他们的绳子。猪饿了，连孙悟空都没感谢，就跑进厨房，开始把米饭放进他的嘴里。吃完两锅米饭后，他带了一些米饭回来，给其他人吃。

孙悟空给他们讲了他和黄眉战斗的故事，也讲了他从弥勒那里得到的帮助。然后他走进地窖，松开了所有囚犯的绳子。囚犯们从地窖里出来。唐僧穿着僧衣，戴着帽子，在那里见了他们，感谢他们的帮助。

然后龟大将、蛇大将和五大神龙回到了武当山。小张和四大战士回到了他们的家。二十八星宿回到了天宫。五方揭谛、光明六神和黑暗六神也回到了他们在天宫的家。

Tángsēng hé túdìmen wèi le báimǎ. Tāmen liú zài sìmiào, xiūxi le yíyè. Dì èr tiān zǎoshàng, tāmen fàng le yì bǎ dàhuǒ, bǎ zhěnggè sìmiào dōu shāo le.

<u>唐僧</u>和徒弟们喂了白马。他们留在寺庙,休息了一夜。第二天早上,他们放了一把大火,把整个寺庙都烧了。

Dì 67 Zhāng

Sì gè yóurénmen zàicì jìxù xiàng xī zǒu. Tāmen zǒu le yígè yuè zuǒyòu. Tiānqì biàn nuǎn le.

Yǒu yìtiān, tāmen kàndào le yígè xiǎo shāncūn. Cūnzi dōngbian de jǐ kē shù xià, yǒu yízuò xiǎo fángzi. Tāmen xiàng fángzi zǒu qù. Tángsēng qiāo le qiāo qiánmén, shuō, "Kāimén! Kāimén!"

Yígè lǎorén cóng fángzi lǐ zǒu le chūlái. Tā tóu shàng dàizhe yíkuài hēi bù, chuānzhe yí jiàn jiù de bái cháng yī.

"Shuí zài zhèlǐ nòng zhème dà de shēngyīn?" tā wèn.

Tángsēng shuāngshǒu hé zài yìqǐ, jūgōng, shuō, "Yéye, wǒmen láizì dōngfāng. Wǒmen zhèng qiánwǎng xīfāng qiú fójīng. Jīntiān wǎnshàng wǒmen kěyǐ zhù zài nǐ jiā ma?"

"Duìbùqǐ, cóng zhèlǐ, nǐmen qù bùliǎo xītiān. Zhèlǐ shì xiǎo xītiān. Nǐmen yào qù dà xītiān. Dàn yǒu yígè wèntí. Zhèlǐ xiàng xī shì yízuò dàshān, bābǎi lǐ kuān. Zhěng zuò shān dōu zhǎng mǎn le shìzi shù. Zhǐyǒu yìtiáo shānlù kěyǐ tōngguò zhè zuò shān. Měi

第 67 章

四个游人们再次继续向西走。他们走了一个月左右。天气变暖了。

有一天,他们看到了一个小山村。村子东边的几棵树下,有一座小房子。他们向房子走去。<u>唐僧</u>敲了敲前门,说,"开门!开门!"

一个老人从房子里走了出来。他头上戴着一块黑布,穿着一件旧的白长衣。"谁在这里弄这么大的声音?"他问。

<u>唐僧</u>双手合在一起,鞠躬,说,"爷爷,我们来自东方。我们正前往西方求佛经。今天晚上我们可以住在你家吗?"

"对不起,从这里,你们去不了西天。这里是小西天。你们要去大西天。但有一个问题。这里向西是一座大山,八百里宽。整座山都长满了<u>柿子</u>[31]树。只有一条山路可以通过这座山。每

---

[31] 柿子　　shìzi – persimmon

nián de zhège shíhòu, shì zǐ shù shàng de guǒzi huì diào xiàlái. Guǒzi dōu diào zài nà tiáo shānlù shàng. Tāmen bǎ zhěng tiáo lù dōu gěi gài mǎn le, suǒyǐ méiyǒu rén néng tōngguò. Dāng guǒzi fǔlàn shí, nàge dìfāng bǐ suǒyǒu de cèsuǒ dōu nán wén. Zhèlǐ de rén dōu jiào tā wèi 'Xī Shǐ Gōu.' Méiyǒu rén néngguò nà tiáo shānlù."

Sūn Wùkōng xiào dào, "Lǎorén, nǐ zhè shì zài xià wǒmen, ràng wǒmen líkāi. Nà méi wèntí. Rúguǒ nǐ de fángzi tài xiǎo, wǒmen míngbái. Wǒmen jiù shuì zài fùjìn de zhèxiē shù xià."

Lǎorén zǐxì de kànzhe Sūn Wùkōng. "Nǐ hěn chǒu. Nǐ shì shénme rén?"

"Xiānshēng, nǐ yǒu yǎnjīng, dàn nǐ kànbújiàn. Wǒ shì Qí Tiān Dà Shèng. Wǒ shì hěn chǒu, dàn wǒ yǒu yìxiē jìshù. Wǒ hěn néng zhuā móguǐ, hěn néng shā móguǐ. Wǒ kěyǐ xià guǐshén. Wǒ hái kěyǐ cóng tiānshàng tōu bǎobèi!"

Lǎorén tīngdào zhè huà hòu, xiàozhe yāoqǐng sì wèi yóurén jìn tā jiā. Tā hé tā de jiārén wèi tāmen zhǔnbèi le fēicháng hǎo de sùshí. Yóurénmen chīzhe hēzhe, zhídào chī bǎo. Hòulái, děng tāmen chī wán, Sūn Wùkōng wèn lǎorén, "Xiānshēng, wǒmen dì yī cì jiàndào

年的这个时候，柿子树上的果子会掉下来。果子都掉在那条山路上。它们把整条路都给盖满了，所以没有人能通过。当果子腐烂[32]时，那个地方比所有的厕所都难闻。这里的人都叫它为'稀屎沟。'没有人能过那条山路。"

孙悟空笑道，"老人，你这是在吓我们，让我们离开。那没问题。如果你的房子太小，我们明白。我们就睡在附近的这些树下。"

老人仔细地看着孙悟空。"你很丑。你是什么人？"

"先生，你有眼睛，但你看不见。我是齐天大圣。我是很丑，但我有一些技术。我很能抓魔鬼，很能杀魔鬼。我可以吓鬼神。我还可以从天上偷宝贝！"

老人听到这话后，笑着邀请四位游人进他家。他和他的家人为他们准备了非常好的素食。游人们吃着喝着，直到吃饱。后来，等他们吃完，孙悟空问老人，"先生，我们第一次见到

---

[32] 腐烂　　fǔlàn – to rot

nǐ de shíhòu, nǐ duì wǒmen búshì hěn yǒuhǎo. Dàn xiànzài nǐ gěi le wǒmen yí dùn fēicháng hǎo de wǎnfàn, wǒmen xièxiè nǐ. Nǐ néng gàosù wǒmen nǐ wèishénme gěi wǒmen zhème hǎo de chī de dōngxi hé hē de dōngxi ma?"

Lǎorén huídá shuō, "Hóuzi, nǐ shuō nǐ hěn néng zhuā móguǐ, hěn néng shā móguǐ. Wǒmen fùjìn zhènghǎo yǒu yígè móguǐ."

"Ó, hǎo!" Sūn Wùkōng shuō, pāizhe tā de shǒu. "Yòu yǒu shēngyì shàngmén le! Dànshì wǒ kànbùchū zhège cūnzhuāng yǒu shénme wèntí, érqiě nǐ de jiārén kàn qǐlái hěn jiànkāng. Gàosù wǒ, nǐ wèishénme yào wǒ wèi nǐ zhuā yígè móguǐ."

"Duōnián lái, wǒmen de cūnzhuāng yìzhí dōu hépíng kuàilè. Dàn sān nián qián, yízhèn lěngfēng chuīguò cūnzhuāng, yígè yāoguài jīng lái le. Tā chī le wǒmen suǒyǒu de niú hé zhū. Tā hái chī le yìxiē nánrén, nǚrén hé jǐ gè háizi. Cóng nà yǐhòu, yāoguài jīng yòu huílái le hǎo jǐ cì, chī le gèng duō de dòngwù hé rén. Rúguǒ nǐ néng zhuā zhù, shā sǐ zhège yāoguài, wǒmen huì gěi nǐ hěnduō qián!"

"Lǎorén, nǐ hěn bèn. Nǐ shuō zhège yāoguài yǐjīng chī dòngwù hé rén sān nián le. Dànshì zhège cūnzhuāng lǐ, yídìng yǒu jǐ bǎi gè jiā

你的时候,你对我们不是很友好。但现在你给了我们一顿非常好的晚饭,我们谢谢你。你能告诉我们你为什么给我们这么好的吃的东西和喝的东西吗?"

老人回答说,"猴子,你说你很能抓魔鬼,很能杀魔鬼。我们附近正好有一个魔鬼。"

"哦,好!"孙悟空说,拍着他的手。"又有生意上门了!但是我看不出这个村庄有什么问题,而且你的家人看起来很健康。告诉我,你为什么要我为你抓一个魔鬼。"

"多年来,我们的村庄一直都和平快乐。但三年前,一阵冷风吹过村庄,一个妖怪精来了。他吃了我们所有的牛和猪。他还吃了一些男人、女人和几个孩子。从那以后,妖怪精又回来了好几次,吃了更多的动物和人。如果你能抓住、杀死这个妖怪,我们会给你很多钱!"

"老人,你很笨。你说这个妖怪已经吃动物和人三年了。但是这个村庄里,一定有几百个家

tíng. Rúguǒ měi gè jiātíng gěi yì liǎng yín, nǐ jiù yǒu zúgòu de qián fù gěi yígè zhuā yāoguài de rén lái zhèlǐ shā sǐ zhège yāoguài."

"Wǒmen jiùshì zhèyàng zuò de. Liǎng nián qián, wǒmen fù qián gěi yí wèi fójiào héshang lái zhèlǐ zhuā zhège yāoguài. Nàge héshang chànggē, shāoxiāng, qiāo zhōng. Yāoguài tīngdào le, jiù lái dào le wǒmen de cūnzhuāng. Héshang hé yāoguài zhàndòu. Yāoguài hěn róngyì de yíng le zhàndòu. Tā shā sǐ le héshang. Hái yào wǒmen fù zànglǐ de qián. Hái yào wǒmen gěi héshang de túdìmen yìxiē qián. Zhēnshì yītuánzāo!"

"Shì de, zhè tīng qǐlái hěn bù hǎo. Nǐ hòulái yòu shìguò ma?"

"Shì de. Yì nián qián, wǒmen fù qián gěi yígè dàoshì lái zhèlǐ zhuā zhège yāoguài. Dàoshì huīzhe shǒubì, jiào tā de shén lái. Zhòng shén méiyǒu lái, dàn yāoguài lái le. Yāoguài hé dàoshì zhàndòu le yìtiān. Zhàndòu jiéshù hòu, wǒmen fāxiàn dàoshì yān sǐ zài hé lǐ."

庭。如果每个家庭给一两[33]银，你就有足够的钱付给一个抓妖怪的人来这里杀死这个妖怪。"

"我们就是这样做的。两年前，我们付钱给一位佛教和尚来这里抓这个妖怪。那个和尚唱歌，烧香，敲钟。妖怪听到了，就来到了我们的村庄。和尚和妖怪战斗。妖怪很容易地赢了战斗。他杀死了和尚。还要我们付葬礼的钱。还要我们给和尚的徒弟们一些钱。真是一团糟[34]！"

"是的，这听起来很不好。你后来又试过吗？"

"是的。一年前，我们付钱给一个道士来这里抓这个妖怪。道士挥着手臂，叫他的神来。众神没有来，但妖怪来了。妖怪和道士战斗了一天。战斗结束后，我们发现道士淹死在河里。"

---

[33] 两　liang – a Chinese ounce, 1/16th of a catty (斤, jīn), 1¾ ounces.
[34] 真是一团糟　zhēnshi yītuánzāo – what a mess

Sūn Wùkōng xiào dào, "N, nǐmen de yùnqì zhēn de hěn bù hǎo! Xiànzài qù jiào cūnlǐ de lǎorénmen guòlái."

Lǎorén zǒu le chūqù, hěn kuài jiù dàizhe bā, jiǔ gè cūnlǐ de lǎorén huíḷái le. Tāmen dōu zhàn zài fángzi wàimiàn de yuànzi lǐ. Sūn Wùkōng wèn tāmen kě bùkěyǐ ràng tā qù zhuā zhù, shā sǐ yāoguài. Lǎorénmen dāngrán dōu tóngyì le. Tāmen yídìng yào fù qián, dàn Sūn Wùkōng shuō, tā zhǐ xiǎng yào yì diǎndiǎn mǐfàn hé chá.

Yí wèi lǎorén shuō, "Nǐ zhème xiǎo, hóuzi. Yāoguài fēicháng dà. Nǐ zěnme néng hé tā dǎ ne?"

"Wǒ huì bǎ tā kàn chéng shì wǒ de sūnzi. Wǒ huì dǎ tā, tā huì zhào wǒ shuō de qù zuò."

Jiù zài zhè shí, yízhèn dàfēng kāishǐ chuī lái. Suǒyǒu de lǎorén dōu pǎo jìn wū lǐ duǒ le qǐlái. Tángsēng, Zhū hé Shā gēnzhe tāmen, dàn Sūn Wùkōng zhuā zhù le Zhū hé Shā. Tā mà tāmen, shuō, "Nǐmen tóunǎo bù qīngchǔ ma? Hé wǒ yìqǐ zài zhèlǐ! Ràng wǒmen kàn kàn zhè shì shénme yāoguài!"

Ò, hào dà de fēng!

Lǎohǔ hé láng duǒ zài tāmen de dòng lǐ

孙悟空笑道，"嗯，你们的运气真的很不好！现在去叫村里的老人们过来。"老人走了出去，很快就带着八、九个村里的老人回来了。他们都站在房子外面的院子里。孙悟空问他们可不可以让他去抓住、杀死妖怪。老人们当然都同意了。他们一定要付钱，但孙悟空说，他只想要一点点米饭和茶。

一位老人说，"你这么小，猴子。妖怪非常大。你怎么能和他打呢？"

"我会把他看成是我的孙子。我会打他，他会照我说的去做。"

就在这时，一阵大风开始吹来。所有的老人都跑进屋里躲了起来。唐僧、猪和沙跟着他们，但孙悟空抓住了猪和沙。他骂他们，说，"你们头脑不清楚吗？和我一起在这里！让我们看看这是什么妖怪！"

哦，好大的风！

老虎和狼躲在它们的洞里

Guǐshénmen dōu xià huài le

Dà shù dǎo zài dìshàng

Dà shítou cóng shāndǐng gǔn xià

Cūnlǐ de rén guān shàngmén, shàng le suǒ

Háizimen duǒ zài chuángdǐ xia

Hēi yún gài mǎn le tiānkōng

Zhěnggè dàdì biàn dé hēi'àn yípiàn.

Fēng zài Sūn Wùkōng de sìzhōu páoxiāozhe, tā zhànzhe yìdiǎn dōu bú dòng. Dāng fēng tíng xià shí, shìjiè biàn dé ānjìng hēi'àn. Tā táitóu kàn xiàng tiānkōng, kàndào liǎng dào huáng guāng. Tāmen kàn qǐlái xiàng guà zài tiānkōngzhōng de dēnglóng.

Shā shuō, "Nà kàn qǐlái xiàng dēnglóng, dàn tāmen zhēn de shì yāoguài de huáng yǎnjīng. Rúguǒ nà shì tā de yǎnjīng, nà tā de zuǐ yǒu duōdà?"

Sūn Wùkōng fēi xiàng kōng zhōng. Tā bá chū tā de jīn gū bàng. Tā duì yāoguài hǎn dào, "Nǐ shì shuí? Nǐ cóng nǎlǐ lái?" Yāoguài méiyǒu huídá. Sūn Wùkōng kāishǐ yícì yòu yícì de yòng tā de bàng dǎ yāoguài. Yāoguài yíjù huà yě méi shuō, yě méiyǒu shìzhe dǎ huíqù. Tā zhǐshì jǔzhe tā de wǔqì, yì bǎ chángqiāng, dǎngzhù hóuzi de

鬼神们都吓坏了

大树倒在地上

大石头从山顶滚下

村里的人关上门，上了锁

孩子们躲在床底下

黑云盖满了天空

整个大地变得黑暗一片。

风在孙悟空的四周咆哮着，他站着一点都不动。当风停下时，世界变得安静黑暗。他抬头看向天空，看到两道黄光。它们看起来像挂在天空中的灯笼。

沙说，"那看起来像灯笼，但它们真的是妖怪的黄眼睛。如果那是他的眼睛，那他的嘴有多大？"

孙悟空飞向空中。他拔出他的金箍棒。他对妖怪喊道，"你是谁？你从哪里来？"妖怪没有回答。孙悟空开始一次又一次地用他的棒打妖怪。妖怪一句话也没说，也没有试着打回去。他只是举着他的武器，一把长枪，挡住猴子的

gōngjī.

Zhū yě yòng tā de bàzi cānjiā le zhàndòu. Xiànzài, yāoguài yòng dì èr bǎ chángqiāng dǎngzhù le bàzi de gōngjī. Tā háishì shénme dōu méi shuō.

"Yāoguài bù zhīdào zěnme shuōhuà," Sūn Wùkōng shuō. "Kěnéng tā hái méi xuéhuì rén shuō de huà."

Tāmen zhàndòu le yígè wǎnshàng. Hóuzi hé zhū xiàng yǔdiǎn yíyàng de dǎzhe yāoguài, yāoguài zhǐshì yòng tā de liǎng bǎ chángqiāng dǎngzhù le tāmen. Dāng zǎochén de tàiyáng zài dōngfāng shànglái shí, yāoguài zhuǎnshēn táopǎo le. Sūn Wùkōng hé Zhū gēnzhe tā. Dàn hěn kuài tāmen jiù zhùyì dào le yì gǔ nán wén de wèidào. "Nǎ jiā zài qīngxǐ cèsuǒ?" Zhū wèn. Dāngrán, nà shì Xī Shǐ Gōu fǔlàn de shīzi.

Yāoguài pǎo chū le shānlù. Ránhòu tā biànchéng le yìtiáo jùdà de hóng shé. Shé de shēntǐ tài cháng le, tāmen kàn bú dào zuì yuǎn de nà tóu. Tā de shēntǐ gài mǎn le hěn yìng de hóng lín. Tā de yǎnjīng xiàng huángsè de xīngxīng, báisè de wùqì cóng bízi lǐ chūlái, tā de

攻击。

猪也用他的耙子参加了战斗。现在,妖怪用第二把长枪挡住了耙子的攻击。他还是什么都没说。

"妖怪不知道怎么说话,"孙悟空说。"可能他还没学会人说的话。"

他们战斗了一个晚上。猴子和猪像雨点一样地打着妖怪,妖怪只是用他的两把长枪挡住了他们。当早晨的太阳在东方上来时,妖怪转身逃跑了。孙悟空和猪跟着他。但很快他们就注意到了一股难闻的味道。"哪家在清洗厕所?"猪问。当然,那是稀屎沟腐烂的柿子。

妖怪跑出了山路。然后他变成了一条巨大的红蛇。蛇的身体太长了,他们看不到最远的那头。它的身体盖满了很硬的红鳞[35]。它的眼睛像黄色的星星,白色的雾气从鼻子里出来,它的

---

[35] 鳞　　lín – scale of a fish or lizard

yáchǐ xiàng zhǎng jiàn, tā de tóu shàng yǒu yì zhī cháng cháng de jiǎo.

Sūn Wùkōng hé Zhū gōngjī le shé. Tā zhuǎnshēn, zuān jìn le dìshàng de yígè dòng lǐ. Dàn qī, bā chǐ de wěibā hái zài dòng de wàimiàn. Zhū zhuā zhù tā de wěibā, xiǎng bǎ shé cóng dòng lǐ lā chūlái. "Bié máfan le," Sūn Wùkōng shuō. "Nǐ bùnéng nàyàng bǎ shé lā chūlái. Shé hěn dà, nàge dòng hěn xiǎo. Shé bùnéng zhuǎnshēn. Suǒyǐ, zài qítā dìfāng yídìng yǒu lìng yígè dòngkǒu. Nà jiùshì shé xiǎng yào táopǎo shí huì chūqù de dìfāng."

Sūn Wùkōng kàn le sìzhōu, hěn kuài fāxiàn le dì èr gè dòng. Tā jiào Zhū yòng bàzi cì shé de wěibā. Zhū bǎ tā de bàzi cì zài shé de wěibā shàng. Jǐ miǎo zhōng hòu, shé cóng dì èr gè dòng lǐ fēi le chūlái. Sūn Wùkōng zhàn zài tā miànqián, huīdòngzhe tā de bàng. Shé zhāng kāi dà zuǐ, tūn xià le hóuzi.

"Ò, bù, wǒ gēge sǐle!" Zhū hǎn dào.

"Wǒ hěn hǎo," Sūn Wùkōng zài shé de shēntǐ lǐmiàn shuō. "Kàn, wǒ huì wèi nǐ jiàn yízuò qiáo." Tā zài lǐmiàn yòng tā de bàng dǐng zhù shé dùzi de shàngmiàn. Shé tái qǐ tā shēntǐ de zhōngjiān bùfèn, tā de tóu hé wěibā zài dìshàng, zhè ràng tā kàn qǐlái xiàng yí

牙齿像长剑,它的头上有一只长长的角。

孙悟空和猪攻击了蛇。它转身,钻进了地上的一个洞里。但七、八尺的尾巴还在洞的外面。猪抓住它的尾巴,想把蛇从洞里拉出来。"别麻烦了,"孙悟空说。"你不能那样把蛇拉出来。蛇很大,那个洞很小。蛇不能转身。所以,在其他地方一定有另一个洞口。那就是蛇想要逃跑时会出去的地方。"

孙悟空看了四周,很快发现了第二个洞。他叫猪用耙子刺蛇的尾巴。猪把他的耙子刺在蛇的尾巴上。几秒钟后,蛇从第二个洞里飞了出来。孙悟空站在它面前,挥动着他的棒。蛇张开大嘴,吞下了猴子。

"哦,不,我哥哥死了!"猪喊道。

"我很好,"孙悟空在蛇的身体里面说。"看,我会为你建一座桥。"他在里面用他的棒顶住蛇肚子的上面。蛇抬起它身体的中间部分,它的头和尾巴在地上,这让它看起来像一

zuò qiáo.

"Nà tài hǎo le," Zhū shuō. "Nǐ hái néng zuò xiē shénme?"

"Nǐ kàn, wǒ huì gěi nǐ zào yìtiáo chuán," Sūn Wùkōng shuō. Tā zhuǎndòng tā de bàng, kāishǐ bǎ tā de bàng tuī xiàng shé dùzi de xiàmiàn. Zhè ràng shé bǎ tā de dùzi dǐng zài dìshàng, tā de tóu hé wěibā tái qǐ. Xiànzài tā kàn qǐlái xiàng yìtiáo hé chuán.

"Yě hěn hǎo," Zhū shuō, "Dàn nà tiáo chuán xūyào yì gēn wéigān." Suǒyǐ Sūn Wùkōng bǎ tā de bàng biàn dào qīshí chǐ cháng. Tā bǎ tā cóng shé dùzi de shàngmiàn cì chūqù, tā xiàng chuán de wéigān yíyàng chā zài kōngzhōng. Shé de shēntǐ yáo le yíxià, sǐ le. Sūn Wùkōng cóng shé dùzi shàng de dòng lǐ pá le chūlái.

Cūnzi lǐ, lǎorén zhèngzài gàosù Tángsēng, tā de liǎng gè túdì kěnéng yǐjīng sǐ le, yīnwèi tāmen yì zhěng tiān hái méiyǒu huílái. "Wǒ bù dānxīn," Tángsēng huídá. Jiù zài zhè shí, tāmen kàndào Sūn Wùkōng hé Zhū cóng lùshàng zǒu le guòlái. Tāmen tuōzhe tāmen shēnhòu nà tiáo jùdà de hóng shé, dà hǎnzhe ràng cūnlǐ de rén ràng

座桥。

"那太好了,"猪说。"你还能做些什么?"

"你看,我会给你造一条船,"孙悟空说。他转动他的棒,开始把他的棒推向蛇肚子的下面。这让蛇把它的肚子顶在地上,它的头和尾巴抬起。现在它看起来像一条河船。

"也很好,"猪说,"但那条船需要一根桅杆[36]。"所以孙悟空把他的棒变到七十尺长。他把它从蛇肚子的上面刺出去,它像船的桅杆一样插在空中。蛇的身体摇了一下,死了。孙悟空从蛇肚子上的洞里爬了出来。

村子里,老人正在告诉唐僧,他的两个徒弟可能已经死了,因为他们一整天还没有回来。"我不担心,"唐僧回答。就在这时,他们看到孙悟空和猪从路上走了过来。他们拖着他们身后那条巨大的红蛇,大喊着让村里的人让

---

[36] 桅杆　　wéigān – mast of a ship

lù.

"Nà jiùshì yìzhí zài chī wǒmen de dòngwù hé wǒmen de rén de yāoguài jīng!" Lǎorén shuō, "Wǒmen hěn gāoxìng nǐmen yòng nǐmen de mólì shā sǐ le zhège kěpà de yāoguài. Xiànzài wǒmen dōu yòu ānquán le."

Cūnlǐ de rénmen yídìng yào gǎnxiè Tángsēng hé tā de túdìmen, suǒyǐ sì wèi yóurén zhǐ néng zài cūnlǐ zhù le jǐ tiān, chīhē, xiūxi. Zuìhòu, Tángsēng shuō, tāmen bìxū jìxù xīyóu. Tāmen líkāi le cūnzhuāng, kāishǐ xiàng xī zǒu. Cūnlǐ suǒyǒu de rén dōu gēnzhe tāmen.

Jīngguò yìtiān de lǚtú, tāmen lái dào le shānlù, nàlǐ mǎn shì fǔlàn de shìzi. Shìzi tài duō le, bù kěnéng zǒu guòqù. Érqiě fēicháng de nán wén, jiù xiàng yígè duōnián méiyǒu qīngxǐguò de cèsuǒ.

Jiù lián Sūn Wùkōng yě shuō, "Zhè tài nán le."

Zhū shuō, "Bù, zhè yìdiǎn dōu búshì wèntí." Tā zhuǎnxiàng lǎorén shuō, "Xiānshēng, qǐng cūnlǐ de rén zhǔnbèi yí dà dùn mǐfàn, bāozi hé miànbāo. Wǒ huì quánbù chī diào. Zhè jiāng gěi wǒ lìliàng.

路。

"那就是一直在吃我们的动物和我们的人的妖怪精!"老人说,"我们很高兴你们用你们的魔力杀死了这个可怕的妖怪。现在我们都又安全了。"

村里的人们一定要感谢<u>唐僧</u>和他的徒弟们,所以四位游人只能在村里住了几天,吃喝,休息。最后,<u>唐僧</u>说,他们必须继续西游。他们离开了村庄,开始向西走。村里所有的人都跟着他们。

经过一天的旅途,他们来到了山路,那里满是腐烂的柿子。柿子太多了,不可能走过去。而且非常的难闻,就像一个多年没有清洗过的厕所。

就连<u>孙悟空</u>也说,"这太难了。"

<u>猪</u>说,"不,这一点都不是问题。"他转向老人说,"先生,请村里的人准备一大顿米饭、包子和面包。我会全部吃掉。这将给我力量。

Ránhòu wǒ huì zài zhè shānlù shàng kāi chū yìtiáo lù."

Cūnlǐ de rénmen wèi Zhū zhǔnbèi le yígè dà yàn. Zhū chī le suǒyǒu de dōngxi. Ránhòu tā tuō xià hēi chènshān, yòng shǒuzhǐ zuò le yígè mófǎ shǒushì. Tā biànchéng le yìtóu yìqiān chǐ gāo de jùdà de zhū. Tā yòng jùdà de bízi zài fǔlàn de guǒzi zhōng wākāi yìtiáo xiázhǎi de xiǎolù. Tángsēng, Sūn Wùkōng hé Shā gēnzhe tā, fēicháng xiǎoxīn de bìkāi xiǎolù liǎngbiān dà duī de fǔlàn guǒzi.

Sānbǎi míng cūnlǐ de rén gēnzhe tāmen. Tāmen táizhe qī, bā dàn mǐ hé jǐ shí pán bāozi gěi Zhū chī.

Yì zhěng tiān hòu, Zhū lái dào le nà yí dà duī fǔlàn guǒ zǐ jiéshù de dìfāng. Tā cā diào bízi shàng de yìxiē shìzi. Tā hěn è. Tā zuò xiàlái, chī le suǒyǒu de mǐfàn hé bāozi. Tā búzàihū tā miànqián shì shénme shíwù, tā bǎ suǒyǒu de shíwù dōu chī le.

Dāng Zhū chī wán hòu, tā yòu huí dào le tā zhèngcháng de dàxiǎo. Tā chuān shàng hēi chènshān, ná qǐ xínglǐ. Tángsēng qí shàng tā de báimǎ, rán

然后我会在这山路上开出一条路。"

村里的人们为猪准备了一个大宴。猪吃了所有的东西。然后他脱下黑衬衫，用手指做了一个魔法手势。他变成了一头一千尺高的巨大的猪。他用巨大的鼻子在腐烂的果子中挖开一条狭窄的小路。唐僧、孙悟空和沙跟着他，非常小心地避开小路两边大堆的腐烂果子。

三百名村里的人跟着他们。他们抬着七、八担[37]米和几十盘包子给猪吃。

一整天后，猪来到了那一大堆腐烂果子结束的地方。他擦[38]掉鼻子上的一些柿子。他很饿。他坐下来，吃了所有的米饭和包子。他不在乎他面前是什么食物，他把所有的食物都吃了。

当猪吃完后，他又回到了他正常的大小。他穿上黑衬衫，拿起行李。唐僧骑上他的白马，然

---

[37] 担　　dàn – a traditional Asian unit of weight, sometimes called a picul, originally defined as the amount that a grown man can carry on a shoulder pole. It's equal to 100 catties, or about 143 pounds.
[38] 擦　　cā – to wipe

hòu tā zhuǎnguò shēn lái, gǎnxiè cūnlǐ rén de réncí. Cūnlǐ de rén gǎnxiè yóurénmen shā sǐ le yāoguài, tāmen dōu huí dào le tāmen zìjǐ de jiā.

Yóurénmen zhuǎnxiàng xīfāng, jìxù tāmen de lǚtú.

后他转过身来，感谢村里人的仁慈。村里的人感谢游人们杀死了妖怪，他们都回到了他们自己的家。

游人们转向西方，继续他们的旅途。

The False Buddha
Chapter 65

My child, tonight I will tell you another story about the holy monk Tangseng and his three disciples. But before we start, I must tell you this:

> Always do good, avoid evil
> The gods know everything that you think
> Why try to be clever
> Why let yourself be a fool?
> Just let your mind become empty
> Do good while you are still alive
> Always seek the Dao, do not just drift
> Keep your eyes open, watch your thoughts
> Go through the three barriers
> Fill up the dark sea
> You will ride the phoenix and the crane
> With joy you will rise to heaven

You remember from our last story that the travelers escaped from the brambles and the tree-spirits who wanted to keep the Tang monk there. They continued walking westward along the Silk Road. Winter ended and spring arrived. The earth was covered with young grasses. Red flowers appeared on peach trees.

One day as they walked, they saw a huge mountain in the distance. Its peak was higher than the clouds. Tangseng said to Sun Wukong, "Look at that mountain. It touches heaven!"

Sun Wukong replied, "No mountain can be so tall that it reaches heaven." They followed the path as it led them up the side of the mountain. All around them they heard the cries of wolves, tigers and leopards. Tangseng began to feel afraid. But Sun Wukong shouted loudly and all the animals ran away.

They continued to climb until they reached a high pass, then they walked down the western side of the mountain. Soon they saw a large and beautiful building. Rays of colored light appeared above the building. They heard the music of bells.

"Disciples," said Tangseng, "go take a look. Tell me what kind of building this is."

Sun Wukong shaded his diamond eyes and looked carefully at the building. Then he said, "Master, this is a monastery. It is very beautiful. But I also feel that it has an air of silence. I have gone to the western heaven before and I have visited Thunderclap Mountain. This monastery looks a lot like Thunderclap, but something about it is not quite right. Please do not go inside yet. We must be careful. Some evil might be hiding inside."

Tangseng looked at him. "You say that this place reminds you of Thunderclap. Can this really be the place that we seek?"

Before the monkey king could reply, Sha Wujing said, "We do not need to worry about this. The road will take us right past the monastery's front gate. When we arrive at the monastery, we will know if it is Thunderclap or not."

Tangseng agreed. He urged his horse forward. Soon they arrived at the monastery's front gate. They looked up and saw large characters over the top of the front gate. The characters read, "Thunderclap Monastery."

Tangseng was so surprised that he fell off his horse. He landed on the ground. He jumped up and said angrily to Sun Wukong, "You wretched ape! You lied to me! This is indeed Thunderclap Monastery. We have reached the end of our journey."

Sun Wukong smiled and replied, "Master, there are four words above the front gate. You have only read three of them."

Tangseng looked again. There were four words, not three. He read them aloud, "Small Thunderclap Monastery." He thought for a minute, then said, "Well, even if it's only Small Thunderclap Monastery, there must be a Buddha living here. The scriptures say that there are three thousand Buddhas. They cannot all live in the same place! We all know that Bodhisattva Guanyin lives in the Southern Sea. I wonder which Buddha lives in this place. Let's go inside and see."

"I think that would be a mistake," said Sun Wukong.

"We will go inside," insisted Tangseng. "Even if there is no Buddha here, there must be a Buddha statue. I have vowed to pray at every Buddha statue that I see." He told Zhu to get his cassock and hat. After putting on the cassock and hat, they all walked forward into the monastery.

As soon as they entered the monastery, a loud voice called out, "Tang monk! You have come from the east to worship the Buddha. Why are you being so insolent now?" Immediately Tangseng kowtowed while Zhu and Sha knelt on the ground. Sun Wukong stood without moving, holding the horse. He felt that something was wrong here.

The three others moved forward slowly. They reached the inner gates. Inside was the Buddha Hall. Just outside the Buddha hall was a large crowd of people. They saw five hundred teachers, three thousand guardians, eight Bodhisattvas, plus a lot of nuns, monks and ordinary people. Tangseng, Zhu and Sha kowtowed every step until they reached the Buddha Hall. Behind them, Sun Wukong walked slowly, not bowing.

The loud voice said, "Sun Wukong! Why don't you kowtow when you see the Buddha?"

Sun Wukong let go of the horse and whipped out his golden hoop rod. He shouted at the Buddha on the golden throne, "Evil monster, how dare you pretend to be the great Buddha! Stay right there!" Then he raised his rod and prepared to strike the Buddha. But before he could strike, two huge brass cymbals came down from the sky. They trapped Sun Wukong between them and joined together, making a mighty crashing sound. Sun Wukong was trapped inside. The crowd of people captured and tied up the other three travelers.

The travelers looked up and saw a Buddha on a golden throne. As they watched, the Buddha changed into his true form, and now the travelers could see that he was really a demon. The other people changed into their true forms and showed themselves to be little demons. The little demons picked up the two golden cymbals and put them on a platform. They expected Sun Wukong to be reduced to a puddle of blood in three days. They planned to steam and eat the three other travelers.

What happened here?

> The diamond-eyed monkey knew that the Buddha was false
> But the Tang monk used only his human eyes and was fooled
> He saw the appearance and not the truth
> The demon king was greater than the Dao
> The travelers turned the wrong way
> Now they might lose their lives!

Sun Wukong was trapped between the two cymbals. It was completely dark inside, and very hot. He tried pushing left and right but could not get out. He struck the cymbals with his golden hoop rod but they did not move. He used magic to grow to a thousand feet tall, but the cymbals grew with him. He became as small as a mustard seed, but the cymbals shrank with him. He pulled a hair from his head, whispered "Change" and became a five-pointed drill. He turned the drill a thousand times, but it had no effect on the cymbals.

Finally he recited the holy words, "Qián yuán hēnglì zhēn." This was a call to the Six Gods of Light, the Six Gods of Darkness, and the Five Guardians. They all came quickly. They stood outside the cymbals and waited. Sun Wukong said to them, "I am trapped here because my master did not listen to me. I really don't care if they kill him, but I need to get out of here. It's so dark that I cannot see, and it's so hot that I cannot breathe!"

When they heard this, the Six Gods of Light ran away to protect Tangseng, the Six Gods of Darkness ran away to protect the two other disciples, four of the Guardians stayed and guarded the cymbals, and the fifth Guardian flew up to the South Heaven Gate. He flew right into the throne room of the Jade Emperor and threw himself at the Emperor's feet.

"Your Majesty," he said, "I am one of the Five Guardians. The Great Sage Equal to Heaven was traveling with the Tang monk to the western heaven. They came to a place called Small Thunderclap Mountain. The monk thought it was the true Thunderclap Mountain even though the Great Sage warned him that it was a trap. They entered anyway. Now the Great Sage is trapped between two large golden cymbals. He is going to die soon. That is why I have come here."

The Jade Emperor raised his hand and said, "Let the twenty eight Constellations go and help the Great Sage." Right away the twenty eight Constellations followed the Guardian back to the monastery.

They arrived about the time of the second watch. All the demons were sleeping. The Twenty Eight Constellations walked quietly up to the golden cymbals. One of them said, "Great Sage we are here to help you escape, but we must be careful. If we hit the cymbals they will make a great sound and wake up the demons. So we will try to make a small hole in one of the cymbals. As soon as you see even a little bit of light, you can escape." Then they began using their weapons to try and make a hole in the cymbals. But the two cymbals were like a dumpling whose edges were sealed together. For two hours they used every weapon they had, but they could not make a hole in the cymbals.

Finally one of the Constellations, the Golden Dragon said, "Let me try." He had a horn with a sharp tip. He made himself very small, so that his horn was the size of a tiny needle. Then he pushed as hard as he could. The tip of his horn slipped in between the two cymbals and pushed through to the inside. Sun Wukong could not see anything, but he could feel the horn's tip with his fingers. He used his golden hoop rod to make a tiny hole in the end of the horn. Then he made himself as small as a mustard seed. He crawled inside the hole at the end of the horn. "OK, pull out the horn!" he shouted.

Golden Dragon used all his strength and pulled his horn out, with Sun Wukong inside. Afterwards the dragon was so tired that he fell to the ground. Sun Wukong crawled out of Golden Dragon's horn and returned to his normal size.

Now Sun Wukong was angry. He smashed his golden hoop rod down on the cymbals, and they shattered into a thousand pieces. This made a huge noise that woke up the demon king and all the little demons. They rushed into the room and saw the broken cymbals on the floor. "Quick!" shouted the demon king, "Shut the doors!" But before they could shut the doors, Sun Wukong and the gods flew quickly out of the door and up to the ninth heaven.

The demon king picked up his weapon, a mace with nine spikes like wolf's teeth. The demon had long hair, thick yellow eyebrows, a big nose, and long teeth. He looked like a man, but also like a beast. He shouted, "Wukong! A real man would not run away like this! Come down here and fight three rounds with me!"

Sun Wukong flew down to the ground. He replied, "What kind of monster are you? How can you be a false Buddha and create a false Thunderclap Mountain?"

"You don't know my name," the demon replied. "I am the Yellow-Browed Buddha, but the people around here call me King Yellow Brow. I have known about your journey for a long time. I used my magic to bring you and your master here. Now that you are here, let's have a test of strength. If you win I will let you all go and you can continue on your journey to the west. But if you lose I will kill all of you, and I will go myself to the real Thunderclap Mountain. I will get the scriptures and bring them back to China."

"You talk too much," replied Sun Wukong, and whipped out his golden hoop rod. They began to fight. The fight went much longer than three rounds. After fifty rounds they were still fighting. The little demons were shouting on one side of the fight, while the gods and soldiers of heaven were shouting on the other side. Finally King Yellow Brow pulled an old white cloth from his belt and threw it into the air. It caught Sun Wukong and all the gods and soldiers of heaven. He grabbed the cloth with everyone inside, and carried it back into the monastery. He told his little demons to tie up all the prisoners. Then the demons had a great feast, eating and drinking from morning till evening. When they were finished eating and drinking they went off to sleep.

The prisoners were all feeling very weak, so they could not escape from their ropes. Sun Wukong heard the sound of crying. It was Tangseng, who said, "I wish I had listened to you. We could have avoided all of this. Now our work has come to nothing. How will we be saved from this terrible situation?"

Sun Wukong was happy to hear this! He made himself very small and easily escaped from the ropes that were tied around him. He then released Tangseng, Zhu and Sha, then the twenty eight Constellations and the other gods and soldiers of heaven. He told Tangseng to get on the white horse and leave the monastery quickly. The twenty eight Constellations used their magic to help the monk and his disciples travel away quickly.

Then Sun Wukong remembered that their luggage was still inside. "I must go back and get it," he said, "It has our travel rescript, Master's cassock and hat, and the golden begging bowl. These are great Buddhist treasures, we cannot leave them here." He went back inside to get the luggage. He picked up all the things and began carrying them outside. But the golden begging bowl fell out of his hands and dropped onto the floor with a loud crash. This woke up the demon king and his little demons. Sun Wukong dropped the rest of the luggage and used his cloud somersault to escape the monastery.

The demon king and his little demons ran out of the monastery. They followed Sun Wukong. Soon they arrived at the camp where the travelers, the twenty eight Constellations, and the Five Guardians were resting.

"Brothers!" shouted Golden Dragon, "The monsters are here!"

"Where do you think you're going?" shouted the demon king. Everyone in the camp except Tangseng and the horse rushed forward to join the battle. The three disciples fought the demon king, while the gods and soldiers of heaven fought the thousands of little demons. The battle continued until the sun set in the west and the moon rose in the eastern sky.

Sun Wukong was fighting the demon king when he saw the demon king grab his white cloth. "This is bad," he thought. He shouted to the others to stop fighting and run away quickly, then he flew up to the ninth heaven. But the others did not listen to him, they continued fighting. The demon king easily captured all of them in his white cloth. He carried them back to the monastery and closed the door.

Sun Wukong flew down from the ninth heaven and rested on the eastern slope of the mountain. "Oh Master!" he cried, "What did you do in your past lives to deserve these troubles? It's so hard to save you from suffering. What should we do?"

He did not know what to do. He thought about going to the Jade Emperor but he was afraid that the Emperor would be angry with him. Then he remembered that there was a great warrior called Demon Conquering Celestial Worthy who lived in Wudang Mountain. This warrior was also called the grand master. He decided to go and ask the grand master for help. He jumped into the air and used his cloud somersault to head south.

Chapter 66

Sun Wukong traveled to Wudang Mountain, the home of Demon Conquering Celestial Worthy. Sun Wukong had heard the story of the grand master's birth.

His father was King Joy
His mother was Queen Victory
She dreamed that she had swallowed the sun
Fifteen months later the child was born
He grew up brave and strong
He had no interest in his father's throne
He only wanted to seek wisdom
He left his parents' home
He went to live in the mountains
There he studied the mysteries of the Dao
He learned how to fly to heaven whenever he wanted.
The Jade Emperor named him True Martial Lord
Throughout the entire world
From the beginning to the end of time
He knows all truth
He wins every fight
He kills every demon

Sun Wukong arrived at Wudang Mountain and quickly passed through the first, second and third gates of heaven. There he found a crowd of five hundred ministers. He asked to see the grand master. A few minutes later the grand master came out to greet him.

Sun Wukong said to him, "Sir, I need to ask you for help. I am Sun Wukong, the Great Sage Equal to Heaven. I am traveling with the Tang monk to seek the Buddha's scriptures in the western heaven. We arrived at a place called Little Thunderclap Mountain, where a demon tricked my master into thinking he was the true Buddha. The demon used a magic cloth to capture my master, myself, and my brother disciples. I called the Five Guardians for help. One of them went to see the Jade Emperor. The Emperor sent the twenty eight Constellations to help us. But all the Constellations were captured and are now prisoners. I alone escaped. The others are all prisoners of the demon. I don't know what to do, so I am asking for your help."

The grand master nodded his head. He said, "In the old days I ruled the lands of the north. The Jade Emperor named me Zhenwu and asked me to kill all the demons and fiends in the land. I rode barefoot on the turtle and the snake. I received help from the five thunder generals and several dragons, lions and other beasts. Together we ended the rule of the demons. Now I live peacefully here on this mountain."

He continued, "I am glad that you came to see me, but there is a small problem. On one hand I cannot help you without instructions from the Jade Emperor. If I did, he might become angry with me. But on the other hand I cannot just refuse your request. So I will send General Turtle, General Snake and five magic dragons to help you. I am sure that they will capture this demon and rescue your master."

Sun Wukong bowed in thanks. Then he flew into the air, followed by the seven magic creatures. They all traveled quickly to Small Thunderclap Mountain. When they arrived, one of the little demons saw them and ran inside the monastery. He said to Yellow Brow, "That monkey has returned with some dragons, a turtle and a snake. I think they want to fight."

Yellow Brow put on his armor and picked up his wolf teeth mace. He walked outside and shouted, "Who are you, and how dare you come here to my immortal home?"

The magic creatures replied, "Wretched monster! We are General Turtle, General Snake, and five dragon gods. We were invited here by the Great Sage Equal to Heaven. Our master is the grand master, the Demon Conquering Celestial Worthy. Give us the Tang monk and the other prisoners and we will let you live. If you don't, we will chop you and your little demons into little pieces and burn all your buildings to ashes."

This made Yellow Brow very angry. He shouted, "Stay where you are and feel my power!" The battle began. The five dragons turned the clouds upside down and made heavy rain. The two generals brought clouds of dust and sand as they attacked with their weapons. Sun Wukong joined them using his rod.

They fought for about an hour. Then Sun Wukong saw the demon reach down for his white cloth. "Watch out, my friends!" he cried, and flew up above the ninth heaven. The seven magic animals did not know what he meant by that. They stopped attacking with their weapons but they did not fly away. Yellow Brow threw the cloth into the air. It easily captured all seven magic animals. The demon tied up the cloth and carried the prisoners back into the monastery's cellar.

Sun Wukong saw this from the ninth heaven. After the magic animals were captured, he returned to the side of the mountain. He said to himself, "This demon is very powerful!" He did not have any ideas for what to do next. He sat, not moving, with his eyes closed.

"Wake up, Great Sage!" came a voice from nearby. Sun Wukong opened his eyes, jumped up, and grabbed his rod. He saw the Day Sentinel.

"You wretched little god," he shouted, "I haven't seen you for several days. Why do you show up here now? You make me so angry, I think I'll hit your feet a few times just to make myself feel better."

The Day Sentinel replied, "Great Sage, please don't be angry. You know that I am here to give secret protection to the Tang monk."

"Well, you're not doing a very good job. Tell me, where does this monster keep my master, my brother disciples, the twenty eight Constellations, and the other gods and magical creatures?"

"Your master and the other two disciples are tied up. They are hanging in a room by the side of the treasure hall. The rest are being kept in the cellar. You must go quickly to save them!"

Sun Wukong said, "Where can I go? I cannot go up to heaven, I cannot go down to the seas, I am afraid to see the Bodhisattva, and I cannot go to see the Buddha himself. The seven magical animals cannot help me because they have been captured too. I dare not go back to the grand master and tell him that his magical animals have been captured. I have nowhere else to turn."

"Don't worry, Great Sage! You were just at Wudang Mountain. Nearby is Mount Xuyi. A great teacher lives there. He is called the Bodhisattva King Teacher. He has a disciple called Little Zhang Prince. There are also four powerful generals of heaven there. I have heard that they are very good at fighting demons. You should go and ask them for help."

This made the monkey king feel a little bit better. He stood up and said, "All right, I will go. You stay here and take care of Master. Don't let any harm come to him." Then he used his cloud somersault to fly to Mount Xuyi.

Soon he arrived at Mount Xuyi. He saw a great monastery and a tall pagoda a thousand feet high. He entered the pagoda at the second floor. There he was met by Bodhisattva King Teacher and Little Zhang Prince. Sun Wukong bowed to them. Then he told Bodhisattva King Teacher about the capture of Tangseng and the others.

When Sun Wukong was finished telling the story, Bodhisattva King Teacher said, "The matters that you speak of are important to the success of our Buddhist religion, and I should go with you to help. But there is a small problem. Right now there are heavy rains in this area, and the nearby River Huai may flood. I recently had to fight the Great Sage Water Ape. He is a troublemaking monkey! If the water touches him he might cause trouble, and I am the only one who will can defeat him. So I cannot leave. However, I will send my disciple Little Zhang and four great warriors. They should have no trouble capturing this demon."

Sun Wukong was a little bit worried about this, but he thanked Bodhisattva King Teacher. Together with Little Zhang and the four great warriors he returned to Little Thunderclap Monastery.

You can probably guess what happened next. A little demon reported to King Yellow Brow that Little Zhang, Sun Wukong and the four great warriors were standing outside the monastery. Yellow Brow came out and shouted at Sun Wukong, "Monkey! Who have you brought with you this time?"

Little Zhang stepped forward and replied, "You lawless monster! You have no flesh on your face and your eyes cannot see. That's why you don't recognize me! I am a disciple of Bodhisattva King Teacher, and I am coming to help the Great Sage Equal to Heaven. That is why I am here to arrest you."

Yellow Brow laughed and said, "You are just a little boy. Why do you dare to think you can fight against me?"

"I am the son of the king of Flowing Sand Kingdom. I left my home when I was a boy, and learned the secret of long life. I have traveled to the home of the Buddha himself. I have captured a water monster with my two hands. I have defeated tigers and dragons. And now I will defeat you too!"

"Little prince, you are a fool to follow this monkey across a thousand mountains and ten thousand waters. You may be powerful enough to defeat a few tigers and dragons and water monsters, but you will lose your life if you try to fight me."

And so the battle began. Sun Wukong used his rod. Little Zhang used his weapon, a long white lance. The four warriors used their red swords. But Yellow Brow was very strong. He used his wolf-teeth mace and could not be defeated by the others.

They fought for a long time. Sun Wukong was watching Yellow Brow carefully. As soon as Yellow Brow reached for his white cloth, Sun Wukong shouted, "Watch out, all of you!" and he flew quickly up to the ninth heaven. The others did not fly away quickly enough. They were all captured by the white cloth. Yellow Brow carried them back to the monastery and put them in the cellar with the other prisoners.

Sun Wukong sat down and cried. He sat for a long time, with no idea what to do next. After a while he looked up. A colorful cloud was approaching from the southeast. Behind the cloud, heavy rain fell on the distant mountains. A man was riding the cloud. He had big ears, a square face, broad shoulders, and a big belly. His eyes were bright and his voice was full of joy. Sun Wukong recognized at once that this was the laughing monk, Maitreya, the future Buddha.

Sun Wukong fell to his knees and kowtowed. He said, "Where are you going, Lord Buddha?"

Maitreya replied, "I am here because of the demon in Small Thunderclap Mountain."

"Thank you. May I ask, who is this demon? Where did he come from? And what is that white cloth treasure that he uses?"

"At one time he was a young man with yellow hair and yellow eyebrows. His job was to make music in my palace by striking two golden cymbals. Earlier this year I needed to go away for a while. I left him in the palace. He stole some of my treasures and came to earth, taking the form of the Buddha. His white cloth was my 'bag of human seed.' His wolf-teeth mace was the stick used to strike the cymbals."

Sun Wukong said, "Ah, I am surprised that you let this boy escape and become a false Buddha!"

"Yes, I was careless. But it is your master's fate to suffer on this journey. He must pass through eighty one trials, and you must fight a hundred monsters and demons. Now I will capture this monster for you."

"This monster has vast powers. You don't even have any weapons. How can you defeat him?"

Maitreya laughed. "That will not be a problem. At the bottom of this mountain there is a meadow. In the meadow I will set up a little hut and a field of melons. All the melons will be unripe. Go start a fight with the demon. Do not try to defeat him. Lead him to the melon field. When you get here, turn yourself into a ripe melon. The monster will be hungry and thirsty, so he will look for a ripe melon. He will find you and eat you. Then you will be in the monster's belly. At that point you can do whatever you like to him."

"That's a good idea. But why will the demon follow me to the melon field?"

"I will teach you a little bit of magic. Give me your hand." Sun Wukong held out his left hand. Maitreya licked his own finger then wrote the word "Forbid" on Sun Wukong's palm. He said, "Keep your left hand closed in a fist and only show it to the demon. When he sees it he will follow you."

So Sun Wukong returned to the monastery. He shouted at Yellow Brow, "Evil monster, your master has returned. Come out now!"

A minute later Yellow Brow came out, saying, "It's you again. But you are alone. It looks like nobody wants to help you. This time you will lose your life." Then he saw that Sun Wukong was holding his rod with just one hand. "Why are you only using one hand?" he asked.

"You are a poor fighter, that's why you must always use that white cloth. I'll bet that if you fight me without the white cloth, I can defeat you with just one hand."

"All right, go ahead and fight with one hand. I won't use my treasure." He ran forward to attack Sun Wukong. Sun Wukong opened his left fist and showed the magic word to Yellow Brow. Immediately Yellow Brow forgot about everything except using his mace to attack Sun Wukong. The monkey retreated towards the melon field, and Yellow Brow followed.

They reached the melon field. Sun Wukong changed into a large melon, ripe and sweet. Yellow Brow looked around but did not see the monkey anywhere. He walked up to the grass hut and said, "Who is the farmer here?"

"I am the farmer," said Maitreya, coming out of the hut. He had changed his appearance and looked like a simple farmer.

"Do you have any ripe melons? I am very thirsty."

"Yes of course. Please take one."

Yellow Brow looked around. He saw one ripe melon in the field. He picked it up and began to eat it. Sun Wukong jumped into his mouth and down to his belly. Then he started kicking Yellow Brow from the inside. The pain was terrible. Yellow Brow fell to the ground, crying. He shouted, "I am finished! I am finished! Who can help me?"

Maitreya walked over to him. He changed into his true form and said, "Wretched beast, do you recognize me now?"

Yellow Brow looked up and recognized his master immediately. He grabbed his belly with both hands while he kowtowed to Maitreya. "Master, please let me live! I will not do this again!"

Maitreya took the white bag from Yellow Brow's belt. Then he took the wolf's teeth mace. Sun Wukong was still inside Yellow Brow's belly, kicking as hard as he could. Maitreya shouted, "Sun Wukong, please stop kicking him!"

Sun Wukong did not listen. He was so angry, he continued to kick Yellow Brow from the inside.

"Let him go!" shouted Maitreya.

Finally Sun Wukong stopped. He said, "Open your mouth, you wretched beast, and let me come out." Yellow Brow opened his mouth. Sun Wukong jumped out. Then he grabbed his rod and got ready to bring it down on Yellow Brow's head. But before he could do that, Maitreya grabbed Yellow Brow, made him small, and dropped him into the white bag.

Maitreya looked around the melon field. Then he said to Yellow Brow in the bag, "What did you do with my golden cymbals?"

Yellow Brow cried, "That troublemaking monkey smashed them!"

"If they are smashed, then you must at least return the gold to me."

"The gold pieces are in a pile in the throne room of Little Thunderclap Monastery."

Maitreya and Sun Wukong walked together up the mountain to the monastery. When they got there they saw that the gates were closed and locked. Maitreya waved his hand and the gates flew open. They walked inside. In the throne room was a pile of golden pieces. Maitreya blew on them and recited a spell. The gold changed into two small cymbals. He picked up the two cymbals. Then he put the cymbals and wolf-teeth mace in his robe. Then, holding the white bag with Yellow Brow inside, he flew up into the air and returned to his home in the highest heaven.

Sun Wukong walked into the room and found Tangseng, Zhu and Sha. He untied them. Zhu was so hungry that he did not even thank Sun Wukong, he just ran into the kitchen and began putting rice in his mouth. After he finished eating two pots of rice, he brought some back for the others to eat.

Sun Wukong told them the story of his battles with Yellow Brow and the help he received from Maitreya. Then he went into the cellar and untied all the prisoners. The prisoners came out of the cellar. Tangseng, wearing his cassock and hat, was there to meet them and thank them for their help.

Then General Turtle, General Snake and the five magic dragons returned to Wudang Mountain. Little Zhang and the four warriors returned to their home. The twenty eight Constellations returned to heaven. The five Guardians, the Six Gods of Light and the Six Gods of Darkness also returned to their homes in heaven.

Tangseng and the disciples fed the white horse. They stayed at the monastery and rested overnight. The next morning they started a fire which burned the entire monastery to the ground.

Chapter 67

The four travelers continue walking west again. They walked for about a month. The weather grew warmer.

One day they saw a small mountain village. On the east side of the village was a small house under some trees. They walked up to the house. Tangseng knocked on the front door, saying, "Open the door! Open the door!"

An old man came out of the house. He was wearing a black cloth on his head and an old white robe. "Who's making all this noise?" he asked.

Tangseng folded his hands and bowed, saying, "Grandfather, we come from the land of the east. We are traveling to the western heaven to seek Buddhist scriptures. May we stay at your home tonight?"

"Sorry, you cannot get to the western heaven from here. This is the little western heaven. You seek the greater western heaven. But there is a problem. Just west of here is a large mountain, eight hundred miles wide. The entire mountain is covered by persimmon trees. There is only one road through the mountain. At this time of year the persimmon trees drop their fruits. The fruits all end up in the mountain road. They completely fill it up so nobody can get through. And when the fruit rots, the whole area smells worse than any toilet. The people here call it 'Slimy Shit Mountain Pass.' Nobody can get through that mountain pass."

Sun Wukong laughed and said, "Old man, you are just trying to frighten us so that we go away. That's no problem. If your house is too small for us, we understand. We will just sleep under these nearby trees."

The old man looked carefully at Sun Wukong. "You are quite ugly. What are you?"

"Sir, you have eyes but you cannot see. I am the Great Sage Equal to Heaven. It's true that I am ugly but I do have some skills. I am quite skilled at catching and killing demons. I can frighten ghosts and gods. And I can even steal treasures from heaven!"

When the old man heard this, he smiled and invited the four travelers to come into his house. He and his family served them a very good vegetarian meal. The travelers ate and drank until they were full. Later, when they were finished, Sun Wukong asked the old man, "Sir, when we first met you, you were not very friendly to us. But now you have given us a very good dinner, and we thank you for that. Can you tell us why you have given us such good food and drink?"

The old man replied, "Monkey, you said that you were good at catching and killing demons. We just happen to have a demon nearby."

"Oh good!" said Sun Wukong, clapping his hands. "Once again, business has come to my door! But I don't see any problems in this village, and your family appears to be healthy. Tell me why you want me to catch a demon for you."

"Our village was peaceful and happy for many years. But three years ago a cold wind blew through the village and a monster spirit arrived. He ate all of our cows and pigs. He even ate some men and women and a few children. Since then, the monster spirit has returned several times to eat more animals and people. If you can capture and kill this monster, we will give you a great deal of money!"

"Old man, you are a fool. You say that this monster has been eating animals and people for three years. But there must be several hundred families in this village. If each family gave an ounce of silver, you would have enough money to pay a monster hunter to come here and kill this monster."

"We did just that. Two years ago we paid a Buddhist monk to come here and catch the monster. The monk sang songs, burned incense and hit some bells. The monster heard this and came into our village. The monk and the monster fought. The monster easily won the fight. He killed the monk. We had to pay for the funeral. We also had to give some money to his disciples. What a mess!"

"Yes, that sounds bad. Did you try again?"

"Yes. A year ago we paid a Daoist to come here and catch the monster. The Daoist waved his arms, calling on his gods to come. The gods did not come, but the monster came. The monster and the Daoist fought for a day. When it was over, we found the Daoist drowned in the river."

Sun Wukong laughed and said, "Well, you certainly have had some bad luck! Go now and call the village elders." The old man went out and soon returned with eight or nine village elders. They all stood in the courtyard outside the house. Sun Wukong asked them if they would allow him to catch and kill the monster. Of course the elders agreed. They insisted on paying for this, but Sun Wukong said that he only wanted a little bit of rice and tea.

One of the elders said, "You are so small, monkey. The monster is huge. How can you fight him?"

"I will just treat him as my grandson. I will hit him and he will do as I say."

Just then, a great wind started to blow. All the elders ran into the house to hide. Tangseng, Zhu and Sha started to follow them, but Sun Wukong grabbed Zhu and Sha. He scolded them, saying, "Have you lost your minds? Stay out here with me! Let's see what kind of monster this is!"

Oh, what a wind!

> Tigers and wolves hid in their caves
> Ghosts and gods were frightened
> Mighty trees fell to the ground
> Rocks rolled down from mountaintops
> Villagers shut and locked their doors
> Children hid under their beds
> Black clouds covered the sky
> The whole earth became dark.

Sun Wukong stood unmoving as the wind howled around him. When the wind stopped, the world was quiet and dark. He looked up in the sky and saw two yellow lights. They looked like lanterns hung in the sky.

Sha said, "Those look like lanterns, but they are really the yellow eyes of the monster. If those are his eyes, how big is his mouth?"

Sun Wukong flew up into the air. He whipped out his golden hoop rod. He shouted at the monster, "Who are you? Where do you come from?" The monster did not reply. Sun Wukong began to hit the monster again and again with his rod. The monster did not say a word and he did not try to fight back. He only held up his weapon, a long lance, to block the monkey's blows.

Zhu also jumped into the fight, using his rake. Now the monster used a second lance to block the blows from the rake. Still he said nothing.

"The monster does not know how to speak," said Sun Wukong. "Perhaps he has not learned human speech yet."

They fought all night. The monkey and the pig rained blows down on the monster, and the monster just blocked them with his two lances. As the morning sun rose in the east, the monster turned to run away. Sun Wukong and Zhu followed him. But soon they noticed a terrible smell. "What family is cleaning out their toilet?" asked Zhu. Of course, it was the rotting persimmons of Slimy Shit Pass.

The monster ran past the mountain pass. Then he turned into a huge red snake. The snake's body was so long that they could not see the far end. Its body was covered with hard red scales. Its eyes were like yellow stars, white fog came from its nose, its teeth were like long swords, and a long horn came from the center of its head.

Sun Wukong and Zhu attacked the snake. It turned and dived into a hole in the ground. Seven or eight feet of its tail stuck out from the hole. Zhu grabbed the tail and tried to pull the snake out of the ground. "Don't bother," said Sun Wukong. "You can't pull a snake out like that. The snake is quite large, and that hole is small. The snake cannot turn around. So there must be another opening somewhere else. That's where the snake will come out as it tries to escape."

Sun Wukong looked around and soon found the second hole. He shouted to Zhu to stab the snake's tail with his rake. Zhu brought his rake down on the snake's tail. And a few seconds later the snake came flying out of the second hole. Sun Wukong stood in front of it, waving his rod. The snake opened its huge mouth and swallowed the monkey.

"Oh no, my elder brother is dead!" cried Zhu.

"I am fine," said Sun Wukong from inside the snake. "Look, I will make a bridge for you." He pushed his rod against the top of the snake's belly. The snake picked up the middle of its body, resting its head and tail on the ground, so that it looked like a bridge.

"That's very nice," said Zhu. "What else can you do?"

"Now look, I will make a boat for you," said Sun Wukong. He turned his rod around, and started pushing his rod against the bottom of the snake's belly. The snake pushed its belly to the ground and picked up its head and tail. Now it looked like a riverboat.

"Also very nice," said Zhu, "but that boat needs a mast." So Sun Wukong made his rod grow until it was seventy feet long. He pushed it right through the top of the snake's belly and it stuck up in the air like the mast of a boat. The snake's body shook and it died. Sun Wukong climbed out through the hole in the snake's belly.

Back at the village, the old man was telling Tangseng that the two disciples were probably dead because they had not returned after a full day. "I am not worried," replied Tangseng. Just then they saw Sun Wukong and Zhu coming down the road. They were dragging the huge red snake behind them, shouting for the villagers to get out of the way.

"That is the monster spirit that has been eating our animals and people!" said the old man. "We are very glad that you have used your magic powers to kill this terrible monster. Now we will all be safe again."

The villagers insisted on thanking Tangseng and his disciples, so the four travelers had to stay in the village for several days, eating and drinking and resting. Finally Tangseng said that they had to continue their journey to the west. They left the village and began walking westwards. All the people of the village followed them.

After a day's journey they came to the mountain road that was filled with rotting persimmon fruit. There were so many persimmons that it was impossible to walk through them. And the smell was terrible, like a toilet that had not been cleaned out for years.

Even Sun Wukong said, "This will be difficult."

Zhu said, "No, this will not be a problem at all." Turning to the old man he said, "Sir, please ask the villagers to prepare a large meal of rice, steamed buns, and bread. I will eat all of it. That will give me strength. And then I will open up a path through this pass."

The villagers prepared a huge feast for Zhu. The pig ate everything. Then he took off his black shirt and made a magic sign with his fingers. He changed into a huge hog a thousand feet high. He used his giant snout to dig out a narrow path through the rotting fruit. Tangseng, Sun Wukong and Sha followed him, being careful to avoid the huge piles of rotting fruit on both sides of the path.

Three hundred villagers followed them. They carried seven or eight piculs of rice and dozens of plates of steamed buns for Zhu to eat.

After a full day, Zhu reached the end of the huge pile of rotting fruit. He wiped some persimmons off his snout. He was very hungry. He sat down and ate all the rice and buns. He did not care what kind of food was in front of him, he ate all of it.

When Zhu finished eating he returned to his usual size. He put his black shirt back on and picked up the luggage. Tangseng mounted his white horse, then he turned and thanked the villagers for their kindness. The villagers thanked the travelers for killing the monster, and they all returned to their homes.

The travelers turned their faces to the west and continued their journey.

Proper Nouns

These are all the Chinese proper nouns used in this book.

Pinyin	Chinese	English
Dàng Mó Tiānzūn	荡魔天尊	Demon Conquering Celestial Worthy, an Immortal
Èrshíbā Xīngxiù	二十八星宿	Twenty Eight Constellations
Guāngmíng Liùshén	光明六神	Six Gods of Light, Immortals
Guānyīn	观音	Guanyin, a Bodhisattva
Hēi'àn Liùshén	黑暗六神	Six Gods of Darkness, Immortals
Huáng Méi Fú	黄眉佛	Yellow-Browed Buddha, a demon
Huáng Méi Wáng	黄眉王	King Yellow Brow, another name for Yellow-Browed Buddha
Jìnglè Guówáng	净乐国王	King Joy, father of Demon Conquering Celestial Worthy
Jīnlóng	金龙	Golden Dragon
Léiyīn Shān	雷音山	Thunderclap Mountain
Léiyīn Sì	雷音寺	Thunderclap Monastery
Liúshā Wángguó	流沙王国	Flowing Sand Kingdom
Mílè	弥勒	Maitreya, the future Buddha
Púsà Wáng Lǎoshī	菩萨王老师	Bodhisattva King Teacher
Qí Tiān Dà Shèng	齐天大圣	Great Sage Equal to Heaven, a title for Sun Wukong
Rì Zhí	日值	Day Sentinel, an Immortal
Shā (Wùjìng)	沙（悟净）	Sha (Wujing), Tangseng's junior disciple
Shàn Shèng Huánghòu	善胜王后	Queen Victory, mother of Demon Conquering Celestial Worthy
Shé Dàjiàng	蛇大将	General Snake, an Immortal
Sīchóu Zhī Lù	丝绸之路	Silk Road

Sūn Wùkōng	孙悟空	Sun Wukong, the Monkey King, Tangseng's elder disciple
Tángsēng	唐僧	Tangseng, a Buddhist monk
Wǔ Fāng Jiēdì	五方揭谛	Five Guardians, Immortals
Wǔdāng Shān	武当山	Wudang Mountain
Wūguī Dàjiàng	乌龟大将	General Turtle, an Immortal
Xī Shǐ Gōu	稀屎沟	Slimy Shit Mountain Pass
Xiǎo Léiyīn Sì	小雷音寺	Small Thunderclap Monastery
Xiǎo Zhāng (Tàizǐ)	小张(太子)	Little Zhang (Prince), a demon
Xūyí Shān	盱眙山	Mount Xuyi
Yùhuáng Dàdì	玉皇大帝	Jade Emperor, an Immortal
Zhēnwǔ	真武	Zenwu, the True Martial Lord, an Immortal
Zhōngguó	中国	China
Zhū (Bājiè)	猪(八戒)	Zhu (Bajie), Tangseng's middle disciple

Glossary

These are all the Chinese words used in this book, other than proper nouns.

Pinyin	Chinese	English
a	啊	ah, oh, what
ānjìng	安静	quiet
ānquán	安全	safety
àomì	奥秘	mystery
ba	吧	(indicates assumption or suggestion)
ba	把	(measure word for gripped objects)
bá	拔	to pull
bǎ	把	(preposition introducing the object of a verb)
bā	八	eight
bàba	爸爸	father
bài	拜	to worship
bǎi	百	hundred
bái (sè)	白(色)	white
bànfǎ	办法	method
bàng	棒	rod, stick, wonderful
bǎng	绑	to tie
bāng (zhù)	帮(助)	to help
bāngmáng	帮忙	to help
bào (zhù)	抱(住)	to hold, to carry
bǎobèi	宝贝	baby
bǎochí	保持	to keep
bàogào	报告	report
bǎohù	保护	to protect
bǎotǎ	宝塔	pagoda
bàozi	豹子	leopard

bāozi	包子	steamed bun
bǎozuò	宝座	throne
bàzi	耙子	rake
bèi	被	(passive particle)
běi	北	north
bèn	笨	stupid, a fool
bì	臂	arm
bǐ	比	compared to, than
bì (kāi)	避(开)	to avoid
bì (shàng)	闭(上)	to shut, to close up
biàn	变	to change
biān	边	side
biànchéng	变成	to become
bié	别	do not, other
bìxià	陛下	Your Majesty
bìxū	必须	must, have to
bízi	鼻子	nose
bó	钹	cymbals
bù	不	no, not, do not
bù	布	cloth
bù (zi)	步(子)	step
bùfèn	部分	part, portion
bùliǎo	不了	no more
búzàihū	不在乎	not give a damn about
cā	擦	to wipe
cāi	猜	guess
cǎi (sè)	彩(色)	color
cānjiā	参加	to participate, to join
cǎo	草	grass, straw
cǎodì	草地	grassland
cèsuǒ	厕所	toilet

chá	茶	tea
chā	插	to insert
cháng	长	long
chǎng	场	(measure word for public events)
chàng (gē)	唱（歌）	to sing
chángqiāng	长枪	spear, lance
chǎoxǐng	吵醒	wake up
chéng (wéi)	成（为）	to become
chénggōng	成功	success
chéngshú	成熟	ripe, mature
chènshān	衬衫	shirt
chǐ	尺	Chinese foot
chī	吃	to eat
chī wán	吃完	finish eating
chīdiào	吃掉	to eat up
chìjiǎo	赤脚	barefoot
chījīng	吃惊	to be surprised
chǒu	丑	ugly
chū	出	out
chuán	传	to pass on, to transmit
chuán	船	boat
chuān (guò)	穿（过）	to pass through
chuān shàng	穿上	to put on
chuáng	床	bed
chuānzhe	穿着	wear
chúfáng	厨房	kitchen
chuī	吹	to blow
chúle	除了	apart from
chūn (tiān)	春（天）	spring
chūshēng	出生	born
chūxiàn	出现	to appear

cì	刺	to stab
cì	次	next in a sequence, (measure word for time)
cóng	从	from
cōngmíng	聪明	clever
cū	粗	broad, thick
cūn (zhuāng)	村(庄)	village
cūnzi	村子	village
cuò	错	wrong, mistaken
cuòwù	错误	mistake
dà	大	big
dǎ	打	to hit, to play
dà hǎn	大喊	to shout
dà jiào	大叫	to shout
dǎbài	打败	defeat
dàchén	大臣	minister
dàdì	大地	the earth
dàdiàn	大殿	main hall
dài	带	to carry, to lead, to bring
dài	戴	to wear
dài (zi)	带(子)	band, belt, ribbon
dài (zi)	袋(子)	bag
dài huí	带回	bring back
dàjiàng	大将	general, high ranking officer
dǎkāi	打开	to turn on, to open
dàn (shì)	但(是)	but, however
dàn	担	a traditional weight measure, also called a picul
dāng	当	when
dǎng (zhù)	挡(住)	to block
dāngrán	当然	certainly
dānxīn	担心	worry

dào	到	to arrive, towards
dào	道	path, way, Dao, to say
dǎo	倒	to fall, to turn upside down
dàoshì	道士	Daoist priest
dàshēng	大声	loud
dàxiǎo	大小	size
de	地	(adverbial particle)
de	的	of
dé	得	(particle showing degree or possibility)
dédào	得到	get
děng	等	to wait
dēnglóng	灯笼	lantern
dì	地	land
dì	第	(prefix before a number)
dǐ	底	bottom
diàn	殿	hall
diǎn	点	point, hour
diǎn (diǎn) tóu	点（点）头	to nod
diào	吊	to hang
diào	掉	to fall, to drop, to lose
diāoxiàng	雕像	statue
dìfāng	地方	local, place
dìjiào	地窖	cellar
dǐng	顶	top, to withstand
dìqiú	地球	earth
dìshàng	地上	on the ground
diū	丢	to throw
dòng	动	to move
dòng	洞	cave, hole
dōng	东	east

dōng (tiān)	冬(天)	winter
dòngwù	动物	animal
dōngxi	东西	thing
dōu	都	all
dú	读	to read
dǔ	赌	bet
duàn	段	(measure word for sections)
duì	对	correct, towards someone
duī	堆	(measure word for piles, problems, clothing, …)
duìbùqǐ	对不起	I am sorry
dùn	顿	(measure word for non-repeating actions)
duǒ	朵	(measure word for flowers and clouds)
duǒ	躲	to hide
duō	多	many
dùzi	肚子	belly, abdomen
è	饿	hungry
èmó	恶魔	evil demon
en, èn, n	嗯	well, um
èr	二	two
ěr (duo)	耳(朵)	ear
érqiě	而且	and
érzi	儿子	son
fā (chū)	发(出)	to send out
fān	翻	to turn
fàng	放	to put, to let out
fāng (xiàng)	方(向)	direction
fang (zi)	房(子)	house
fàng jìn	放进	to put in
fàngguò	放过	let go
fāshēng	发生	to occur

fāxiàn	发现	to find out
fēi	飞	to fly
fēicháng	非常	very much
fēng	风	wind
fènghuáng	凤凰	phoenix
fēnzhōng	分钟	minute
fó	佛	Buddha, buddhist
fójiào	佛教	Buddhism
fózǔ	佛祖	Buddhist teacher
fù	付	to pay
fùjìn	附近	nearby
fǔlàn	腐烂	to rot, to decay
fùmǔ	父母	parents
gài	盖	cover, to cover
gāi	该	ought to
gǎn	敢	to dare
gǎn	赶	to chase away
gǎn (dào)	感(到)	to feel
gāng (cái)	刚(才)	just, just a moment ago
gǎnjué	感觉	to feel
gǎnxiè	感谢	to thank
gāo	高	high
gàosù	告诉	to tell
gāoxìng	高兴	happy
gè	个	(measure word, generic)
gēge	哥哥	elder brother
gěi	给	to give
gēn	根	(measure word for long thin things)
gēn (zhe)	跟(着)	with, to follow
gèng	更	more
gēng	更	even, watch (2-hour period)

gong (diàn)	宫（殿）	palace
gōngjī	攻击	to attack
gōngzuò	工作	work, job
gǔ	股	(measure word for air, flows, ...)
guà	挂	to hang, to call
guā	瓜	melon
guān	关	to turn off, to close, to lock up
guāng	光	light
guānyú	关于	about
guì	跪	to kneel
guǐ (guài)	鬼（怪）	ghost
gǔn	滚	to roll
guó	国	country
guò	过	to pass, (after verb to indicate past tense)
guō	锅	pot
guǒ (zi)	果（子）	fruit
guòlái	过来	to come
guòqù	过去	past, to pass by
guówáng	国王	king
gùshì	故事	story
hái	还	still, also
hǎi	海	ocean, sea
hàipà	害怕	fear, scared
háishì	还是	still is
háizi	孩子	child
hǎn (jiào)	喊（叫）	to call, to shout
hǎo	好	good, very
hé	合	to combine, to join
hé	和	with
hé	河	river

hè	鹤	crane
hē	喝	to drink
hēi (sè)	黑色	black
hēi'àn	黑暗	dark
hěn	很	very
hépíng	和平	peace
héshang	和尚	monk
hóng (sè)	红（色）	red
hóngshuǐ	洪水	flood
hòu	后	after, back, behind
hóu (zi)	猴（子）	monkey
hòulái	后来	later
huà	化	to melt
huà	话	word, speak
huā (duǒ)	花（朵）	flowers
huài	坏	bad, broken
huán	還	to return
huáng (sè)	黄（色）	yellow
huángdì	皇帝	emperor
huí	回	to return
huì	会	will, to be able to
huī	灰	gray, dust, ash
huī (dòng)	挥（动）	to swat, to wave
huídá	回答	to reply
huó (zhe)	活（着）	alive
húsūn	猢狲	ape
hūxī	呼吸	to breathe
jǐ	几	several
jì (dé)	记（得）	to remember
jí zhòng	击中	to hit a target
jiǎ	假	fake

jiā	家	family, home	
jiàn	件	(measure word for clothing, matters)	
jiàn	剑	sword	
jiàn	建	to build	
jiàn	见	to see, to meet	
jiān	尖	pointed, tip	
jiān	肩	shoulder	
jiān	间	(measure word for room)	
jiǎnchá	检查	to inspect, examination	
jiānchí	坚持	to insist	
jiǎng	讲	to speak	
jiāng	将	shall	
jiànkāng	健康	healthy	
jiào	叫	to call, to yell	
jiǎo	脚	foot	
jiǎo	角	corner, horn	
jiāo (huì)	教(会)	to teach	
jiǎozi	饺子	dumpling	
jiàozuò	叫做	called	
jiārù	加入	join in	
jiātíng	家庭	family, family members	
jiècài	芥菜	mustard	
jiéshù	结束	end, finish	
jiēzhe	接着	and then	
jìhuà	计划	plan	
jìn	禁	to forbid	
jìn	进	to advance, to enter	
jǐn	紧	tight, close	
jīn (sè)	金(色)	golden	
jīn (zi)	金(子)	gold	
jīn gū bàng	金箍棒	golden hoop rod	

jīndǒu	筋斗	somersault
jīng	精	spirit
jīng	经	scripture, holy book
jǐnggào	警告	to warn
jīngguò	经过	after, through
jīngjí	荆棘	brambles, thorns
jīngshū	经书	scripture, holy book
jīnnián	今年	this year
jìnqù	进去	to go in
jīntiān	今天	today
jíshǐ	即使	even though
jiù	就	just, right now
jiù	救	to save, to rescue
jiù	旧	old
jiǔ	久	long
jiǔ	九	nine
jìxù	继续	to carry on
jù (dà)	巨(大)	huge
jǔ (qǐ)	举(起)	to lift
juédé	觉得	to feel
juédìng	决定	to decide
jūgōng	鞠躬	to bow down
jùjué	拒绝	to refuse
kāi	开	to open
kāishǐ	开始	to begin
kàn	看	to look
kǎn	砍	to cut
kàn chéng	看成	regarded as
kàn kàn	看看	have a look
kànjiàn	看见	to see
kǎoyàn	考验	trial, ordeal

kě	渴	thirst
kē	棵	(measure word for trees, vegetables, some fruits)
kělián	可怜	pathetic
kěnéng	可能	maybe
kěpà	可怕	frightening, terrible
kěshì	可是	but
kěyǐ	可以	can
kōng (qì)	空（气）	air, void, emptiness
kǒu	口	mouth, (measure word for people in villages, families)
kòutóu	叩头	to kowtow
kū	哭	to cry
kuài	块	(measure word for chunks, pieces)
kuài	快	fast
kuàilè	快乐	happy
kuān	宽	width
kuījiǎ	盔甲	armor
kǔn (zhù)	捆（住）	bundle, to tie up
lā	拉	to pull
lái	来	to come
láizì	来自	from
láng	狼	wolf
lǎo	老	old
lǎohǔ	老虎	tiger
lǎoshī	老师	teacher
le	了	(indicates completion)
lèi	累	tired
léi (shēng)	雷（声）	thunder
lěng	冷	cold
lǐ	里	inside
lǐ	里	Chinese mile

lián	连	even
liǎn	脸	face
liǎng	两	two, Chinese ounce
líkāi	离开	to leave
lìliàng	力量	strength
lǐmào	礼貌	polite
lín	鳞	scale of a fish or lizard
lìng	另	other, another
lìng (wài)	另(外)	other, another, in addition
lìng yī fāngmiàn	另一方面	on the other hand
liù	六	six
liú (xià)	留(下)	to keep, to leave behind, to stay
lóng	龙	dragon
lóu	楼	building, floor of a building
lù	路	road
lǚ	缕	(measure word for light, hair, threads)
lǚtú	旅途	journey
ma	吗	(indicates a question)
mà	骂	to scold
mǎ	马	horse
máfan	麻烦	trouble
māma	妈妈	mother
màn	慢	slow
mǎn	满	full
mào (zi)	帽(子)	hat
mǎshàng	马上	immediately
méi	没	no, not have
měi	每	each, every
méi (mao)	眉(毛)	eyebrow
méiyǒu	没有	no, not have

men	们	(indicates plural)
mén	门	door, gate
mèng	梦	dream
mǐ	米	rice, meter
miànbāo	麵包	bread
miànqián	面前	in front
miǎo zhōng	秒钟	seconds
mǐfàn	米饭	cooked rice
mìmì	秘密	secret
míng (zì)	名(字)	first name, name, (measure word for an occupation or profession)
míngbái	明白	to understand, clear
míngliàng	明亮	bright
mìngyùn	命运	destiny
mó (fǎ)	魔(法)	magic
mó (lì)	魔(力)	magic
móguǐ	魔鬼	demon
ná	拿	to take
nà	那	that
nǎ ('er)	哪(儿)	where?
ná qǐ (lái)	拿起(来)	to pick up
nàlǐ	那里	there
nǎlǐ	哪里	where
nàme	那么	so then
nán	男	male
nán	难	difficult, rare
nánhái	男孩	boy
nàyàng	那样	that way
ne	呢	(indicates question)
néng	能	can

nǐ	你	you
nián	年	year
niàn	念	to recite
niánqīng	年轻	young
nígū	尼姑	nun
niú	牛	cow, bull
nòng	弄	to do
nóngfū	农夫	farmer
nǚ	女	female
nuǎn	暖	warm
ó, ò	哦	oh?, oh!
pá	爬	to climb
pāi	拍	to smack, to clap
pán	盘	plate
páng (biān)	旁（边）	beside
pǎo	跑	to run
páoxiāo	咆哮	to roar
pèng	碰	to touch
péngyǒu	朋友	friend
pǐ	匹	(measure word for horses, cloth)
piàn	片	(measure word for flat objects)
piàn (shù)	骗（术）	to trick, to cheat
piàoliang	漂亮	beautiful
píngtái	平台	platform
púsà	菩萨	bodhisattva, buddha
pǔtōng	普通	ordinary
qí	骑	to ride
qǐ	起	from, up
qī	七	seven
qián	前	in front, before, side

qián	钱	money
qiān	千	thousand
qiān	牵	to lead
qiángdà	强大	strong, powerful
qiánwǎng	前往	go to
qiáo	桥	bridge
qiāo (jī)	敲(击)	to knock, to strike
qiāoqiāo	悄悄	quietly
qídǎo	祈祷	prayer
qǐlái	起来	(after verb, indicates start of an action)
qǐng	请	please
qīngchǔ	清楚	clear
qíngkuàng	情况	situation
qǐngqiú	请求	request
qīngshēng	轻声	speak softly
qǐngwèn	请问	excuse me
qīngxǐ	清洗	to cleanse
qítā	其他	other
qiú	求	to beg
qiúfàn	囚犯	prisoner
qízhōng	其中	among them
qù	去	to go
quán (tóu)	拳(头)	fist
quánbù	全部	all, entire
quánlì	全力	all strength
qún	群	group, (measure word for group)
ràng	让	to let, to cause
ránhòu	然后	then
rè	热	heat
rén	人	person, people
rèn chū	认出	to recognize

réncí	仁慈	kindness
rēng	扔	to throw
réngrán	仍然	still, yet
rènhé	任何	any
rènshí	认识	to understand
rènwéi	认为	to believe
rì (zi)	日(子)	day, days of life
róngyì	容易	easy
ròu	肉	meat, flesh
rúguǒ	如果	if
sān	三	three
sēng (rén)	僧(人)	monk
shā	杀	to kill
shā	沙	sand
shān	山	mountain
shānfēng	山峰	mountain peak
shàng	上	on, up
shāng (hài)	伤(害)	hurt
shāo	烧	to burn
shé	蛇	snake
shēn (tǐ)	身(体)	body
shén (xiān)	神(仙)	spirit, god
shēng (huó)	生(活)	life
shèng (rén)	圣(人)	saint, holy sage
shēng (yīn)	声(音)	sound
shēngmìng	生命	life
shēngqì	生气	angry
shēngyì	生意	business
shéngzi	绳子	rope
shēnhòu	身后	behind
shénme	什么	what?

shénqí	神奇	magical
shénxiān	神仙	immortal
shí	十	ten
shì	是	is, yes
shì	试	to try, to taste
shí (hòu)	时(候)	time, moment, period
shì (qing)	事(情)	thing
shí (tou)	石(头)	stone
shí (wù)	食(物)	food
shì (yuàn)	誓(愿)	vow
shīfu	师父	master
shíjiān	时间	time, period
shìjiè	世界	world
shìwèi	侍卫	guard
shìzi	柿子	persimmon
shīzi	狮子	lion
shòu	兽	beast
shǒu	手	hand
shòudào	受到	to suffer
shǒushì	手势	gesture
shǒuwèi	守卫	to guard
shǒuzhǎng	手掌	palm
shǒuzhǐ	手指	finger
shù	树	tree
shū	输	to lose
shuāng	双	a pair
shuí	谁	who
shuǐ	水	water
shuì (jiào)	睡(觉)	to sleep
shuō (huà)	说(话)	to say
sì	四	four

sǐ	死	dead, to die
sì (miào)	寺 (庙)	temple
sìzhōu	四周	all around
sōng kāi	松开	to release
suì	碎	to break up
suīrán	虽然	although
sūnzi	孙子	grandson
suǒ	锁	lock, to lock
suǒyǐ	所以	so, therefore
suǒyǒu	所有	all
sùshí	素食	vegetarian food
tā	他	he, him
tā	她	she, her
tā	它	it
tài	太	too
tái (qǐ)	抬 (起)	to lift up
tàiyáng	太阳	sunlight
tàizǐ	太子	prince
tān	滩	(measure word for liquid), beach, shoal
tán zòu	弹奏	to play
táo (zi)	桃 (子)	peach
táo (zǒu)	逃 (走)	to escape
téng	疼	pain
tī	踢	to kick
tián	甜	sweet
tiǎn	舔	to lick
tiān	天	day, sky
tiānqì	天气	weather
tiānshàng	天上	heaven, on the sky
tiāntáng	天堂	heaven

tiáo	条	(measure word for narrow, flexible things)
tiào	跳	to jump
tīng	听	to listen
tíng (zhǐ)	停（止）	to stop
tīng shuō	听说	it is said that
tóng	同	same
tóng	铜	copper
tòng (kǔ)	痛（苦）	suffering
tōngguān wénshū	通关文书	travel rescript
tóngyì	同意	to agree
tǒngzhì	统治	to rule
tóu	头	head, (measure word for animal with big head)
tōu	偷	to steal
tóufà	头发	hair
tóunǎo	头脑	mind
tǔ	土	dirt, earth
túdì	徒弟	apprentice
tǔdì	土地	land
tuì	退	retreat
tuī	推	to push
tūn	吞	to swallow
tuō	拖	to drag
tuō (xià)	脱（下）	to take off (clothes)
wā	挖	to dig
wài	外	outside
wán	完	to finish
wàn	万	ten thousand
wǎn	碗	bowl

wǎnfàn	晚饭	dinner
wáng	王	king
wàng (jì)	忘(记)	to forget
wángguó	王国	kingdom
wánghòu	王后	queen
wánquán	完全	complete
wǎnshàng	晚上	evening, night
wèi	为	for
wèi	位	place, (measure word for people, polite)
wèi	喂	to feed
wěibā	尾巴	tail
wěidà	伟大	great
wèidào	味道	taste, smell
wéigān	桅杆	mast
wèilái	未来	future
wèile	为了	in order to
wèishénme	为什么	why
wèn	问	to ask
wèntí	问题	problem, question
wò	握	grip
wǒ	我	I, me
wǔ	五	five
wū	屋	small house, room
wǔ jiǎo xīng	五角星	pentagram
wúchǐ	无耻	wretched
wúfǎwútiān	无法无天	lawless
wūguī	乌龟	tortoise
wùqì	雾气	fog, mist
wǔqì	武器	weapon
xī	西	west

xià	下	down, under
xià	吓	to scare
xià yíbù	下一步	next step
xiàng	像	like, to resemble
xiàng	像	statue
xiàng	向	towards
xiǎng	响	loud
xiǎng	想	to want, to miss, to think of
xiāng	香	fragrant, incense
xiǎng yào	想要	would like to
xiǎngfǎ	想法	thought
xiǎngqǐ	想起	to recall
xiāngxìn	相信	to believe, to trust
xiànjǐng	陷阱	trap
xiānshēng	先生	sir, gentleman
xiànzài	现在	just now
xiào	笑	to laugh
xiǎo	小	small
xiǎo de shíhòu	小的时候	when was young
xiǎolù	小路	path
xiǎoshí	小时	hour
xiǎoxīn	小心	to be careful
xiázhǎi	狭窄	narrow
xiě	写	to write
xiē	些	some
xié ('è)	邪 (恶)	evil
xièxiè	谢谢	thank you
xīn	新	new
xǐng (lái)	醒 (来)	to wake up
xínglǐ	行李	luggage

xìngqù	兴趣	interest
xīngxīng	星星	star
xīngxiù	星宿	constellation (ancient Chinese)
xiōngdì	兄弟	brother
xiūxi	休息	to rest
xuǎn (zé)	选（择）	to select
xǔduō	许多	many
xué (xí)	学（习）	to learn
xuě, xuè	血	blood
xūruò	虚弱	to weaken
xūyào	需要	to need
yá (chǐ)	牙（齿）	tooth, teeth
yàn (huì)	宴（会）	feast, banquet
yǎn (jīng)	眼（睛）	eye
yān sǐ	淹死	to drown
yàngzi	样子	to look like, appearance
yánzhe	沿着	along
yào	要	to want
yáo (dòng)	摇（动）	to shake or twist
yào fàn	要饭	to beg for food
yāodài	腰带	belt
yāoguài	妖怪	monster
yāoqǐng	邀请	to invite
yāoqiú	要求	to request
yàoshi	要是	if
yè	夜	night
yě	也	and also
yě	野	wild
yéye	爷爷	grandfather
yī	一	one
yī (fu)	衣（服）	clothes

yì diǎn	一点	a little bit
yícì	一次	once
yídìng	一定	must
yǐhòu	以后	after
yīhuǐ'er	一会儿	a while
yǐjīng	已经	already
yīn	音	sound
yín (zi)	银(子)	silver
yíng	赢	to win
yìng	硬	hard
yíngdì	营地	camp
yīnggāi	应该	should
yǐngxiǎng	影响	influences
yīnwèi	因为	because
yīnyuè	音乐	music
yìqǐ	一起	together
yǐqián	以前	before
yíqiè	一切	all
yìshēng	一生	lifetime
yìsi	意思	meaning
yìtuánzāo	一团糟	a mess
yǐwéi	以为	to think, to believe
yíxià	一下	a bit, a short quick action
yìxiē	一些	some
yíyàng	一样	same
yìzhí	一直	always, continuously
yòng	用	to use
yǒnggǎn	勇敢	brave
yònglì	用力	to use effort or strength
yǒngyuǎn	永远	forever
yóu	游	to swim, to tour

yòu	又	again, also
yòu	右	right (direction)
yǒu	有	to have
yǒudiǎn	有点	a little bit
yǒuhǎo	友好	friendly
yóurén	游人	traveler, tourist
yǒuxiē	有些	some
yǔ	语	words, language
yù (dào)	遇（到）	encounter, meet
yuàn (yì)	愿（意）	willing
yuǎn chù	远处	far side
yuǎnlí	远离	keep away
yuányīn	原因	reason
yuànzi	院子	courtyard
yǔdiǎn	雨点	raindrops
yuè (liang)	月（亮）	month, moon
yún	云	cloud
yùnqì	运气	luck
zá (suì)	砸（碎）	to smash
zài	再	again
zài	在	in, at
zànglǐ	葬礼	funeral
zào	造	to make
zǎo	早	early
zǎochén	早晨	morning
zǎoshang	早上	morning
zěnme	怎么	how
zěnme bàn	怎么办	how to do
zhàn	站	to stand
zhàndòu	战斗	fighting
zhǎng	长	to grow

zhāng	章	chapter
zhāng (kāi)	张(开)	open
zhànshì	战士	warrior
zhào	照	according to
zhǎo	找	to search for
zhǎodào	找到	found
zhàogù	照顾	to take care of
zhe	着	(indicates action in progress)
zhè	这	this, these
zhème	这么	so
zhèn	阵	(measure word for short-duration events)
zhēn	真	true, real
zhēn	针	needle
zhèng	正	correct, just
zhěng	整	all, entire
zhēng	蒸	steam
zhèng (zài)	正(在)	(-ing)
zhèngcháng	正常	normal
zhènghǎo	正好	just right
zhēnxiàng	真相	truth
zhèxiē	这些	these ones
zhèyàng	这样	such
zhǐ	只	only
zhì (huì)	智(慧)	wisdom
zhídào	直到	until
zhīdào	知道	to know
zhīhòu	之后	later
zhìshǎo	至少	at least
zhǐshì	指示	to instruct
zhòng	众	a crowd

zhōng	中	in, middle
zhōng	钟	bell
zhōngjiān	中间	middle
zhòngyào	重要	important
zhōngyú	终于	at last
zhǒngzǐ	种子	seed
zhù	住	to live, to hold
zhū	猪	pig
zhuā (zhù)	抓（住）	to arrest, to grab
zhuǎn	转	to turn
zhuāng	装	to fill
zhuāng mǎn	装满	to fill up
zhuǎnshēn	转身	turn around
zhuǎnxiàng	转向	turn to
zhǔnbèi	准备	ready, prepare
zhǔrén	主人	owner
zhùyì	注意	notice
zhǔyì	主意	idea, plan, decision
zì	字	written character
zìjǐ	自己	oneself
zǐxì	仔细	careful
zǒng shì	总是	always
zǒu	走	to go, to walk
zuān	钻	drill, to drill
zuànshí	钻石	diamond
zúgòu	足够	enough
zuì	最	the most
zuǐ	嘴	mouth
zuìhòu	最后	last, at last
zuìjìn	最近	recently

zūn	尊	(measure word for gods, goddesses, statues, cannons)
zuò	做	to do
zuò	坐	to sit
zuò	座	(measure word for mountains, temples, big houses, ...)
zuǒ	左	left
zuǒyòu	左右	approximately
zǔshī	祖师	founder, great teacher

About the Authors

Jeff Pepper (author) is President and CEO of Imagin8 Press, and has written dozens of books about Chinese language and culture. Over his thirty-five year career he has founded and led several successful computer software firms, including one that became a publicly traded company. He's authored two software related books and was awarded three U.S. patents.

Dr. Xiao Hui Wang (translator) has an M.S. in Information Science, an M.D. in Medicine, a Ph.D. in Neurobiology and Neuroscience, and 25 years experience in academic and clinical research. She has taught Chinese for over 10 years and has extensive experience in translating Chinese to English and English to Chinese.

www.ingramcontent.com/pod-product-compliance
Lightning Source LLC
Chambersburg PA
CBHW072017110526
44592CB00012B/1342